教育部职业教育与成人教育司推荐教材
职业教育改革与创新系列教材

建筑装饰创意设计基础

主　编　顾香君
副主编　王　萧
参　编　董晓燕　陆　佳

机械工业出版社

本书的主要内容包括创意设计认知、建筑空间创意、建筑装饰创意、界面处理、陈设配置、创意与表达。本书在编写时，将基础美术、平面构成、色彩构成、立体构成、建筑初步设计等基础知识以及建筑装饰专业及相关专业基础知识融入每个学习项目的任务中，通过学习活动来理解和掌握。

本书可作为职业院校建筑装饰专业教材，也可作为建筑类其他相关专业教材和岗位培训参考用书。

为方便教学，凡选用本书作为授课教材的老师均可登录 www.cmpedu.com 以教师身份注册下载电子课件。编辑热线：010-88379934，机工社建筑教材交流QQ群：221010660。

图书在版编目（CIP）数据

建筑装饰创意设计基础/顾香君主编. —北京：机械工业出版社，2012.8
(2023.8 重印)
教育部职业教育与成人教育司推荐教材　职业教育改革与创新系列教材
ISBN 978-7-111-39509-6

Ⅰ. ①建… Ⅱ. ①顾… Ⅲ. ①建筑装饰-建筑设计-高等职业教育-教材
Ⅳ. ①TU238

中国版本图书馆 CIP 数据核字（2012）第 195584 号

机械工业出版社（北京市百万庄大街22号　邮政编码100037）
策划编辑：王莹莹　　责任编辑：王莹莹　范成欣
版式设计：霍永明　　责任校对：张　力
封面设计：马精明　　责任印制：单爱军
北京虎彩文化传播有限公司印刷
2023年8月第1版第5次印刷
184mm×260mm・10.75 印张・252 千字
标准书号：ISBN 978-7-111-39509-6
定价：46.00 元

电话服务	网络服务
客服电话：010-88361066	机 工 官 网：www.cmpbook.com
010-88379833	机 工 官 博：weibo.com/cmp1952
010-68326294	金 书 网：www.golden-book.com
封底无防伪标均为盗版	机工教育服务网：www.cmpedu.com

教育部职业教育与成人教育司推荐教材
职业教育改革与创新系列教材

编委会名单

主 任 委 员 谢国斌 中国建设教育协会中等职业教育专业委员会
 北京城市建设学校

副主任委员

	黄志良	江苏省常州建设高等职业技术学校
	陈晓军	辽宁省城市建设职业技术学院
	杨秀方	上海市建筑工程学校
	李宏魁	河南建筑职业技术学院
	廖春洪	云南建设学校
	杨　庚	天津市建筑工程学校
	苏铁岳	河北省城乡建设学校
	崔玉杰	北京市城建职业技术学校
	蔡宗松	福州建筑工程职业中专学校
	吴建伟	攀枝花市建筑工程学校
	汤万龙	新疆建设职业技术学院
	陈培江	嘉兴市建筑工业学校
	张荣胜	南京高等职业技术学校
	杨培春	上海市城市建设工程学校
	廖德斌	成都市工业职业技术学校

委　　　员（排名不分先后）

王和生	张文华	汤建新	李明庚	李春年	孙　岩
张　洁	金忠盛	张裕洁	朱　平	戴　黎	卢秀梅
白　燕	张福成	肖建平	孟繁华	包　茹	顾香君
毛　苹	崔东方	赵肖丹	杨　茜	陈　永	沈忠于
王东萍	陈秀英	周明月	王莹莹(常务)		

出版说明

2004年10月，教育部、建设部发布了《关于实施职业院校建设行业技能型紧缺人才培养培训的通知》，并组织制定了《中等职业学校建设行业技能型紧缺人才培养培训指导方案》（以下简称《指导方案》），对建筑施工、建筑装饰、建筑设备和建筑智能化四个专业的培养目标与规格、教学与训练项目、实验实习设备等提出了具体要求。

为了配合《指导方案》的实施，受教育部委托，在中国建设教育协会中等职业教育专业委员会的大力支持和协助下，机械工业出版社专门组织召开了全国中等职业学校建设行业技能型紧缺人才培养教学研讨和教材建设工作会议，并于2006年起陆续出版了建筑施工、建筑装饰两个专业的系列教材，该系列教材被列为教育部职业教育与成人教育司推荐教材。

该套教材出版后，受到广大职业院校师生的一致好评，为职业院校建筑类专业的发展提供了动力。近年来，随着教学改革的不断深入，建筑施工和建筑装饰专业的教学体系、课程设置已经发生了很大变化。同时，鉴于本系列教材出版时间已较长，教材涉及的专业设备、技术、标准等诸多方面也已发生了较大变化。为适应科技进步及职业教育当前需要，机械工业出版社在中国建设教育协会中等职业教育专业委员会的支持下，于2011年5月组织召开了该系列教材的修订工作会议，对当前职业教育建筑施工和建筑装饰专业的课程设置、教学大纲进行了认真的研讨。会议根据教育部关于"中等职业教育改革创新行动计划（2010—2012）"和2010年新颁布的《中等职业学校专业目录》，结合当前教学改革的现状，以实现"五个对接"为原则，将以前的课程体系进行了较大的调整，重新确定了课程名称，修订了教材体系和内容。

由于教学改革在不断推进，各个学校在实施过程中也在不断摸索、总结、调整，我们会密切关注各院校的教学改革情况，及时收集反馈信息，并不断补充、修订、完成本系列教材，也恳请各用书院校及时将本系列教材的意见和建议反馈给我们，以便进一步完善。

本系列教材编委会

前　言

本书立足于创新建筑装饰专业的课堂教学环节，通过各种实践性的教学活动，着重培养学生运用基础理论知识分析问题、解决问题的专业能力。

本书精选了近几年国内外各种有代表性的建筑空间环境照片，以及各类建筑装饰设计方案的平面图、立面图和效果图等方案表现图。这些照片包括建筑外观和室内空间，有反映整体效果的，也有刻画细部造型的。同样，图稿也融合了各种不同风格与不同的表现技法，有构思分析图、方案表现图，有徒手表现的、也有用工具绘制的，以直观的照片和图稿帮助学生全面认识、理解建筑装饰设计，为专业课程的学习打下扎实的基础。书中绝大部分照片和图稿都是由作者拍摄或绘制的。

本书围绕建筑装饰设计工作过程所涉及的专业知识和技能进行介绍，将专业基础知识融入其中。以任务引领学习过程，让学生通过实施各种工作任务（参与学习活动），学习相关的专业知识与技能，了解设计工作步骤和思考方法。这样，避免了学科型教材纯粹的理论介绍，让学生将基础美术、平面构成、色彩构成、立体构成、建筑设计等基础原理与建筑装饰设计专业的工作任务有效结合，以实现专业课程学习过程与实际岗位工作过程的有效对接。学时分配建议表如下：

学时分配建议表

序　号	项　目	学　习　情　境		建议学时（课时）
1	一、创意设计认知	1	建筑空间创意设计作品分析	2
2		2	创意园参观	6
3	二、建筑空间创意	1	居住空间功能分析	4
4		2	商业空间调查	4
5		3	模型制作	4
6	三、建筑装饰创意	1	苏州园林参观（建筑文化与创意）	6
7		2	民俗风情赏析（地域文化、艺术与创意）	4
8		3	建筑与装饰材料调查（材料、技术与创意）	6

(续)

序　号	项　　目	学习情境		建议学时（课时）
9	四、界面处理	1	地面铺装方案创意设计	4
10		2	顶棚造型方案创意设计	4
11		3	墙面装饰方案创意设计	4
12	五、陈设配饰	1	家具选购（功能与创意）	2
13		2	绿化配置（自然与创意）	4
14		3	居住空间配色（色彩与创意）	2
15	六、创意与表达	1	速写记录	4
16		2	资料拷贝	4
17		3	手绘方案图	8
合　计				72

注：可根据实施性教学计划对课程学时总数按比例调整

　　本书由顾香君任主编，王萧任副主编，董晓燕参编。项目一、项目二、项目四由王萧编写；项目三学习情境2由董晓燕编写；其他部分由顾香君编写。

　　由于编者水平有限，书中一定存在疏漏之处，恳请读者批评指正。

编　者

目　录

出版说明
前言
项目一　创意设计认知 ·· 1
　　学习情境 1　建筑空间创意设计作品分析 ·························· 1
　　学习情境 2　创意园参观 ··· 4

项目二　建筑空间创意 ··· 10
　　学习情境 1　居住空间功能分析 ···································· 10
　　学习情境 2　商业空间调查 ··· 20
　　学习情境 3　模型制作 ·· 24

项目三　建筑装饰创意 ··· 34
　　学习情境 1　苏州园林参观（建筑文化与创意）················· 34
　　学习情境 2　民俗风情赏析（地域文化、
　　　　　　　　艺术与创意）··· 38
　　学习情境 3　建筑与装饰材料调查（材料、
　　　　　　　　技术与创意）··· 45

项目四　界面处理方案创意设计 ···································· 60
　　学习情境 1　地面铺装方案创意设计 ······························ 60
　　学习情境 2　顶棚造型方案创意设计 ······························ 72
　　学习情境 3　墙面装饰方案创意设计 ······························ 92

项目五　陈设配饰 ·· 101
　　学习情境 1　家具选购（功能与创意）··························· 101
　　学习情境 2　绿化配置（自然与创意）··························· 113
　　学习情境 3　居住空间配色（色彩与创意）····················· 123

项目六　创意与表达 ……………………………………………… 135
　学习情境 1　速写记录 …………………………………………… 135
　学习情境 2　资料拷贝 …………………………………………… 143
　学习情境 3　手绘方案图 ………………………………………… 148

参考文献 …………………………………………………………… 164

项目一

创意设计认知

【项目概述】

在建筑装饰项目设计中，无论是建筑装饰还是室内空间设计，都需要有创意。创意设计已成为当今一名建筑装饰设计师或室内设计师必须掌握的一项基本技能。

如今，许多初学者往往将艺术基础理论知识与建筑装饰设计或室内设计的原理割裂开来，在学习中忽略了美术、平面构成、色彩构成、立体构成等基础知识的综合运用，对创意缺乏全面、合理的认知。因此，将专业设计原理与基础美术原理相结合，懂得在建筑装饰项目中如何有效运用创意，显得尤为重要。

在本项目中，结合建筑装饰项目设计的基本内容与过程，通过两个学习情境来介绍创意在空间环境、建筑装饰设计与室内设计项目中的应用。

学习情境 1 建筑空间创意设计作品分析

【情境描述】

要熟练地掌握一项技能，首先应该了解、认识它。所以，在学习运用美术、三大构成（平面构成、色彩构成、立体构成）、建筑设计等基础知识，完成建筑装饰或室内设计项目中各类建筑空间创意设计之前，首先要认知、掌握与创意设计有关的美术、平面构成、色彩构成、立体构成、建筑设计等基础知识，才能在项目中结合专业设计原理熟练掌握建筑空间创意设计。下面通过对路易威登——艺术时空之旅展厅的创意设计分析，学习建筑空间装饰方案创意设计。

【任务实施】

（1）选择典型建筑空间创意设计作品。例如，2011年在中国国家博物馆展出的路易威登——艺术时空之旅展厅的设计颇具创意，如图1-1和图1-2所示。

图1-1　路易威登——艺术时空之旅展厅　　　　　图1-2　路易威登——艺术时空之旅展厅局部

(2) 交流讨论建筑空间创意设计作品的特点。图1-1所示的展厅设计呈现以下特点：黑色墙面、发光玻璃地面和黑白相间的发光顶棚，全透明玻璃展柜，黑色的柱头和镜面柱身等。图1-2所示的展厅设计呈现以下特点：墙面上整幅热气球升空的黑白照片，半透明的热气球造型的展台，咖啡色的地坪如同土壤，"热气球"上无数个相交圆构成的黑白相间、富有节奏的图案等。

(3) 确定建筑空间创意设计作品的创意亮点。在展示空间装饰设计中，营造氛围突出主题、突出展品是设计的终极目标。图1-1所示展厅设计的创意亮点是透明玻璃展柜与室内灯光设计使展品仿佛飘浮在空中，既引人入胜又突出了展品。图1-2所示展厅设计的创意亮点是通过墙面上大幅热气球升空的照片与半透明的热气球造型的展台相呼应共同营造"艺术时空之旅"的环境氛围，使素雅的环境色与展品相协调。

(4) 运用美术、平面构成、色彩构成、立体构成、建筑装饰设计等基本原理分析创意源泉。在两个展厅设计中都运用了黑白、棕黄的主题色。如图1-1所示，点、线、面的灯光设计，富有节奏和韵律的透明玻璃展柜；如图1-2所示，半透明的热气球造型的展台方和圆的对比，以及"热气球"上无数个相交圆构成的黑白相间的渐变图案，无不体现平面、色彩、立体构成的魅力。

同样，建筑装饰设计原理在两个展厅中也得到了充分运用。如图1-1所示，深色背景和立体的照明设计有助于突出展品，用黑色的柱头和镜面柱身淡化柱子。如图1-2所示，根据展示要求注重空间环境的整体性，使展品、展台与环境融为一体。

(5) 在若干建筑空间创意设计作品中选择具有共同特点的创意作品。两个案例的共同特点：突出展示功能、注重环境的整体性、技术与艺术并重、时尚与文脉共存，创意无限。

【学习支持】

1. 创意

创意是神秘的。古往今来，学者们对创意的认识不同，所作的定义也各不相同。创意是生产作品的能力，这些作品既新颖（具有原创性，是不可预期的），又恰当（符合用途，适合目标所给予的限制）。建筑学者库地奇认为：创意是一种挣扎，寻求并解放我们的内在。赖声川先生说："创意是看到新的可能，再将这些可能性组合成作品的过程。"这些都说明了创意包含两个主要的方面：构想与执行，寻找与解放。

2. 设计

从词源学的角度考察，"设"意味着"创造"，"计"意味着"安排"。英语 design 的基本词义是"图案"、"花样"、"企图"、"构思"、"谋划"等，因此，设计的基本概念是"人为了实现意图的创造性活动"。它有两个基本要素：一是人的目的性，二是活动的创造性。

设计有广义和狭义之分。广义的设计认为，只要是人的有目的活动都叫设计。按照这种说法，原始人类打制石器、切削树木是设计；家庭主妇计划晚餐的菜谱、整理房间是设计；小学生挑选玩具、做作业也是设计……这种设计的定义涵盖了人们生活的方方面面，设计成为人的基本活动。狭义的设计观认为，只有职业化的设计人员所从事的创造性地活动才叫设计，如工程师、建筑师、产品设计师、服装设计师、发型设计师、包装设计师等。这种设计的定义强调设计是一种专业化的活动，并且都有"可见"的物质成果。

创意产业门类较多，它通常包括广告、建筑艺术、艺术和古董市场、手工艺品、时尚设计、电影与录像、交互式互动软件、音乐、表演艺术、出版业、电视和广播等。

【知识拓展】

（1）结合建筑设计原理，运用美术、平面构成、色彩构成、立体构成等基础知识，分析建筑空间创意设计。

（2）选择具有典型特征的建筑装饰或室内设计案例进行分析，感知构成原理的运用。

【实践活动】

运用美术、平面构成、色彩构成、立体构成等基础知识分析下列建筑空间作品的创意设计源泉。

中国 2010 年上海世界博览会，澳大利亚馆入口大厅顶棚设计，如图 1-3 所示；墨西哥馆展厅墙面展示设计，如图 1-4 所示；富有创意的西班牙建筑，如图 1-5 所示。

建筑装饰创意设计基础

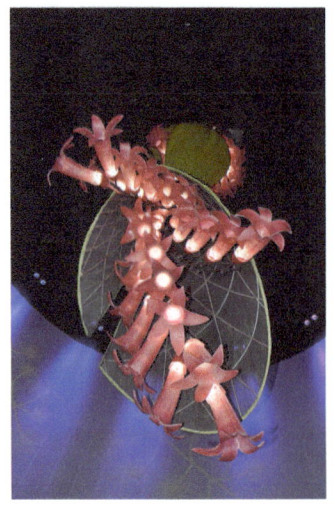 

图 1-3　澳大利亚馆入口大厅顶棚设计　　　　图 1-4　墨西哥馆展厅墙面展示设计

a)　　　　　　　　　　　　　　　　b)

图 1-5　西班牙建筑

学习情境 2　创意园参观

【情境描述】

本学习情境通过各类典型建筑装饰创意设计项目的实地参观来学习方案创意设计。

【任务实施】

(1) 确定一种创意产业园区的类型。
(2) 查找创意产业园区的相关信息。
(3) 分析比较几个创意产业园区，选择符合要求的创意产业园区。
(4) 赴现场参观考察创意产业园区，收集建筑装饰创意设计素材。
(5) 根据现场收集的素材，编写建筑装饰创意设计调研报告。

【学习支持】

创意产业有广义和狭义之分。广义的创意产业是指文化创意产业；狭义的创意产业是指运用创造性智慧进行研究、开发、生产、交易的各种行业和环节的总和。目前，人们在使用创意产业这一概念时，基本上混淆了创意产业与文化产业，甚至在智慧产业和文化产业层面上错误地加以使用。

每个城市都有创意产业园区并将其作为城市文化与科技的时尚新地标。将北京、上海两地的创意园区作如下介绍。

截至2010年年底，经上海市政府认定的创意产业园区已达81家，覆盖了14个区，总建筑面积250万 m² 左右，入驻企业超过4000家，从业人员8万余人，累计吸引了近70亿元社会资本参与创意产业园区的建设。创意产业园区的空间布局已逐步形成了两大特色：一是黄浦江和苏州河沿岸的创意产业集聚带初具雏形；二是形成了一批在国内外具有一定知名度的特色创意产业园区，如8号桥。8号桥园区入口小广场如图1-6所示。8号桥园区沿街标志如图1-7所示。田子坊创意园区示意图如图1-8所示。田子坊泰康路入口如图1-9所示。中西合璧的咖啡店如图1-10所示。

图1-6　8号桥园区入口小广场　　　　　　　图1-7　8号桥园区沿街标志

8号桥的前身为建于20世纪50年代的上海汽车制动器厂房，共有厂房8栋，位于上海市中心位置，曾一度因其占地面积大、厂房分布散、土地性质变换难而成为城市改造的一大难题。近年来，上海市政府采取土地租赁的形式，经过新的设计和模式改造，在保留旧式厂房的同时注入时尚创意元素，使8号桥地区成为以设计创意为特色的创意产业区域，吸引了广告、软件及计算机服务、文化艺术服务、时尚设计、出版等众多创意企业。

田子坊作为上海老式弄堂的典型代表，曾是20世纪30年代以来上海洋工厂打工者的聚居地。2000年，卢湾区政府利用这些破旧厂房和居民住宅，经过改造在既保留原框架和风貌又保持上海里弄文化的基础上，形成了现在的创意产业园区，吸引了陈逸飞、尔冬强等诸多艺术家设立工作室，现已入驻70余家单位，有18个国家和地区的艺术设计人士参与，被称为上海视觉创意的"硅谷"、上海创意产业的发源地。

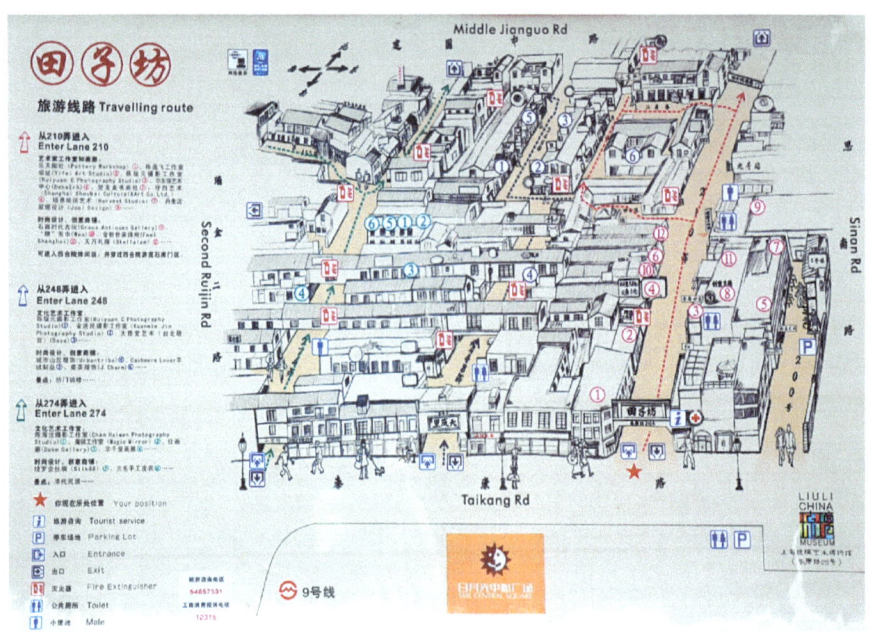

图 1-8　田子坊创意园区示意图

图 1-9　田子坊泰康路入口

图 1-10　中西合璧的咖啡店

1933 创意产业园区的原址建筑由英国建筑设计大师巴尔弗斯于 1933 年设计使用，曾经是全世界第二大的屠宰生产加工厂。整栋建筑体现了建筑艺术与生产工艺的完美结合，形成了外方内圆、高低错落、无梁楼盖、廊道盘旋、宛若迷宫却又秩序分明的奇特布局和艺术化空间。作为上海市典型的历史文化遗产之一，在其最初的建筑实用功能丧失后，上海市政府将其作为创意产业园区而保留下来，现在正在快速成长为新的创业产业聚集地。

这些成绩的取得初步显示出了创意产业园区的集聚效应，为上海创意产业发展作出了应有的贡献。

为了继续研究创意产业园区的辐射性和带动性，以 1933 老场坊为中心，整合周边 1.1km² 进行联动式开发，形成了园区与社区的互动发展模式。1933 老场坊已成为虹口区乃至整个上海的时尚新地标，受到创意一族的热烈追捧。此后，上海创意产业投资公司又打造了首家将节能环保示范与互动体验结合的具有绿色建筑标准的开放式园区——花园坊。以上两个项目的开发为探索上海市创意产业集聚区多样化发展进行了有效尝试。

目前，北京市已经形成了 6 个文化创意产业集聚区，分别是北京数字娱乐示范基地、中关村创意产业先导基地、西城区德胜园工业设计创意产业基地、国家新媒体产业基地、东城区文化产业园和朝阳 798 艺术区。

北京城区东北方向的望京地区中心位置、大山子桥东南边，就是眼下非常时兴的 798 艺术区，也叫"大山子艺术区"，如图 1-11 所示。它是在原来北京"798 工厂"的厂房基础上改建而来的，其独特的厂房建筑结构和高大的内部空间是吸引文化机构进驻的独特优势，这里已成为北京艺术和时尚的地标之一。区内聚集着 200 多家各类艺术机构、画廊、展览仓库、酒吧等，路边夸张的铸铁雕塑，如图 1-12 所示；铁匠营与电话亭，如图 1-13 所示；由 PVC 水管构成的外墙与广告，如图 1-14 所示；"偏锋艺术空间"入口钢的"本色"，如图 1-15 所示；设计公司门前"粗与细"的广场雕塑，如图 1-16 所示；当代唐人艺术中心外行走的"巨人"，如图 1-17 所示；街边的"大鸟笼"茶室，如图 1-18 所示等。798 艺术区内无论是环境、建筑、店面，还是广告，处处颇具创意，如今已经成为人们心目中北京发展文化创意产业的形象代言。

此外，在与 798 艺术区毗邻的北京正东电子动力集团大门口，一台老式蒸汽机车头意味着原 751 厂向文化创意园区的"华丽转身"。经过重新规划，联合中国服装设计师协会将把 751 厂打造成时尚创意产业园区。恢复门口运送煤炭的老工业生产原貌也是一个创意，如今这个"火车头温馨体验区"已成为园区内许多服装设计师拍摄服装大片的首选外景地。

图 1-11　大山子艺术区

图 1-12　铸铁雕塑

图1-13 铁匠营与电话亭

图1-14 PVC水管的构成外墙与广告

图1-15 "偏锋艺术空间"入口钢的"本色"

图1-16 "粗与细"的广场雕塑

图 1-17　当代唐人艺术中心外行走的"巨人"　　　　图 1-18　街边的"大鸟笼"茶室

【知识拓展】

(1) 各类创意产业园区的建筑功能、所处的环境各不相同，产业园区的建筑与环境也各有特色。创意产业又叫创造性产业。其门类多，涉及面广，建筑艺术也是其重要的组成部分，因此通过参观学习创意园区的建筑与环境，更有助于激发创意设计灵感。

(2) 现场参观应准备照相机、记录纸、笔等记录用品；宜 2～3 人为一组，以团队方式能发现更多的创意亮点。

(3) 现场参观时应遵守社会公德，遵守创意产业园的相关管理规定，同时不影响创意产业园区的正常经营活动，以合理的调查方式进行社会调查教学活动。

【课外活动】

(1) 收集图片素材，确定建筑装饰创意设计类型与设计风格，借助网络收集相关资料。

(2) 赴一个创意产业园区实地参观，根据现场收集的素材，编写建筑装饰创意设计调研报告。

(3) 调查交流。各组对采集的创意产业园区图片及资料进行交流与分析，以提高感性认识，并获得体验。

项目二
建筑空间创意

【项目概述】

在建筑装饰项目设计中，无论是建筑装饰还是室内空间设计，功能是建筑空间最基本的需求。在建筑装饰或室内空间所处的环境以及相应的装修标准确定之后，建筑的功能与创意成为当今一名建筑装饰师或室内设计师必须把握的一项基本技能。

如今，许多初学者往往将艺术基础理论知识与建筑装饰或室内设计的原理割裂开来，在学习中忽略了建筑空间的功能、技术、艺术（立体构成等基础知识）在建筑空间创意设计中的重要作用。因此，将专业设计原理与基础美术原理相结合显得尤为重要。

在本项目中，结合建筑装饰项目设计的基本内容与过程，通过三个学习情境来介绍建筑空间的功能、模型制作与立体构成在建筑装饰与室内设计项目中的创意运用。建筑在功能、空间造型以及材料等方面都拥有深化的概念视角。

学习情境 1 居住空间功能分析

【情境描述】

下面通过对各类居住建筑装饰及室内设计项目的功能分析，学习居住建筑空间的创意设计。

【任务实施】

（1）根据居住建筑空间的一般功能与使用要求，分析设计任务要求，确定居住建筑室内各空间的功能定位。如某两室两厅住宅，根据业主三个家庭成员的构成特点及生活习惯确定了各空间的功能定位，需要两间卧室，如图 2-1 所示。

（2）根据居住建筑室内各空间的功能定位，分析居住建筑各空间的功能关系，绘制功能分析图，如图 2-2 和图 2-3 所示。图中蓝色或绿色线条越粗表示空间之间的关系越密切。

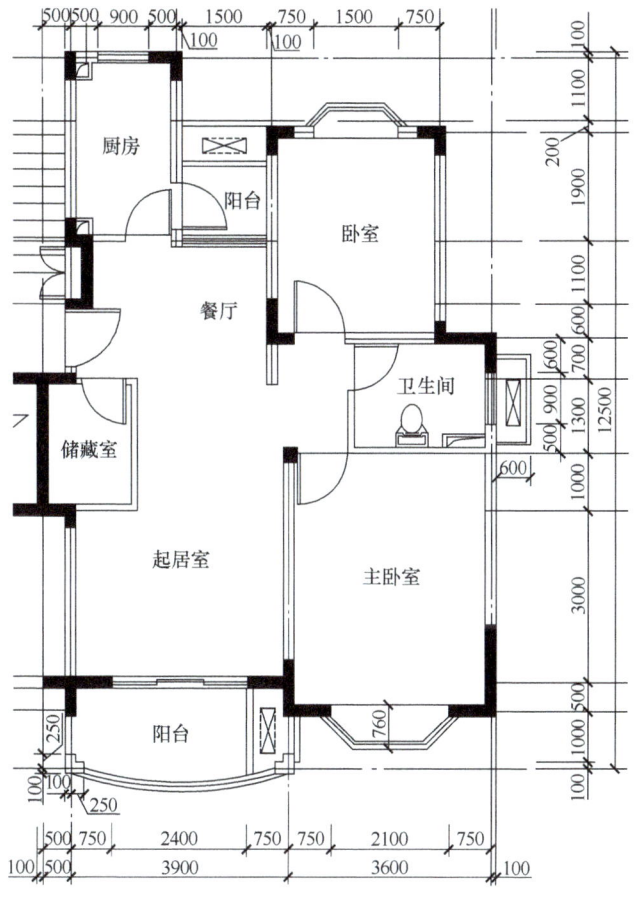

图 2-1　两室两厅住宅平面

（3）根据功能分析图组织空间，确定各空间分隔与联系的方式及交通关系，如图 2-4 和图 2-5 所示。图 2-4 中绿色圆圈表示各空间主要功能区域，棕色线条与箭头连接处表示两个区域之间的关系相对密切，设计时应考虑其便利性。图 2-5 中红色线条与箭头表示各空间之间的交通联系，图中的蓝色圆圈表示在空间中相对稳定的区域。

（4）根据建筑空间的地域环境特征、装饰设计风格及功能分析图，绘制平面布置图。图 2-6 所示为该两室两厅室内设计方案中的平面布置图。

【学习支持】

一、室内空间的分析

1. 空间形成

（1）分类：自然空间——无边际、无限；人为空间——具体的、范围明确和有限。

（2）人为空间形成：草地上铺一块地毯（帆布），沙滩上撑起一把遮阳伞。帆布和遮阳伞是构成空间的要素。

图 2-2　功能关系图

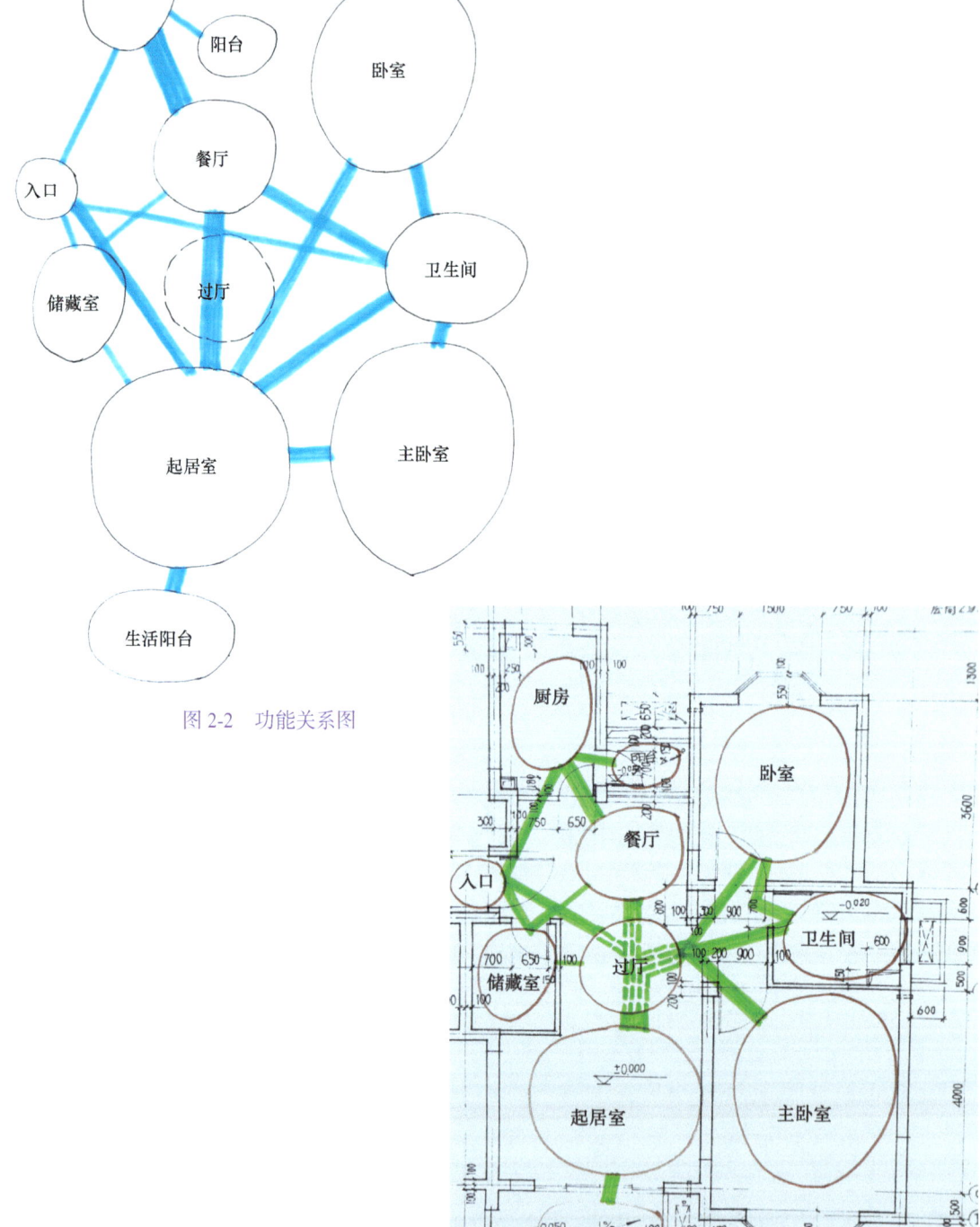

图 2-3　功能分析图

项目二 建筑空间创意

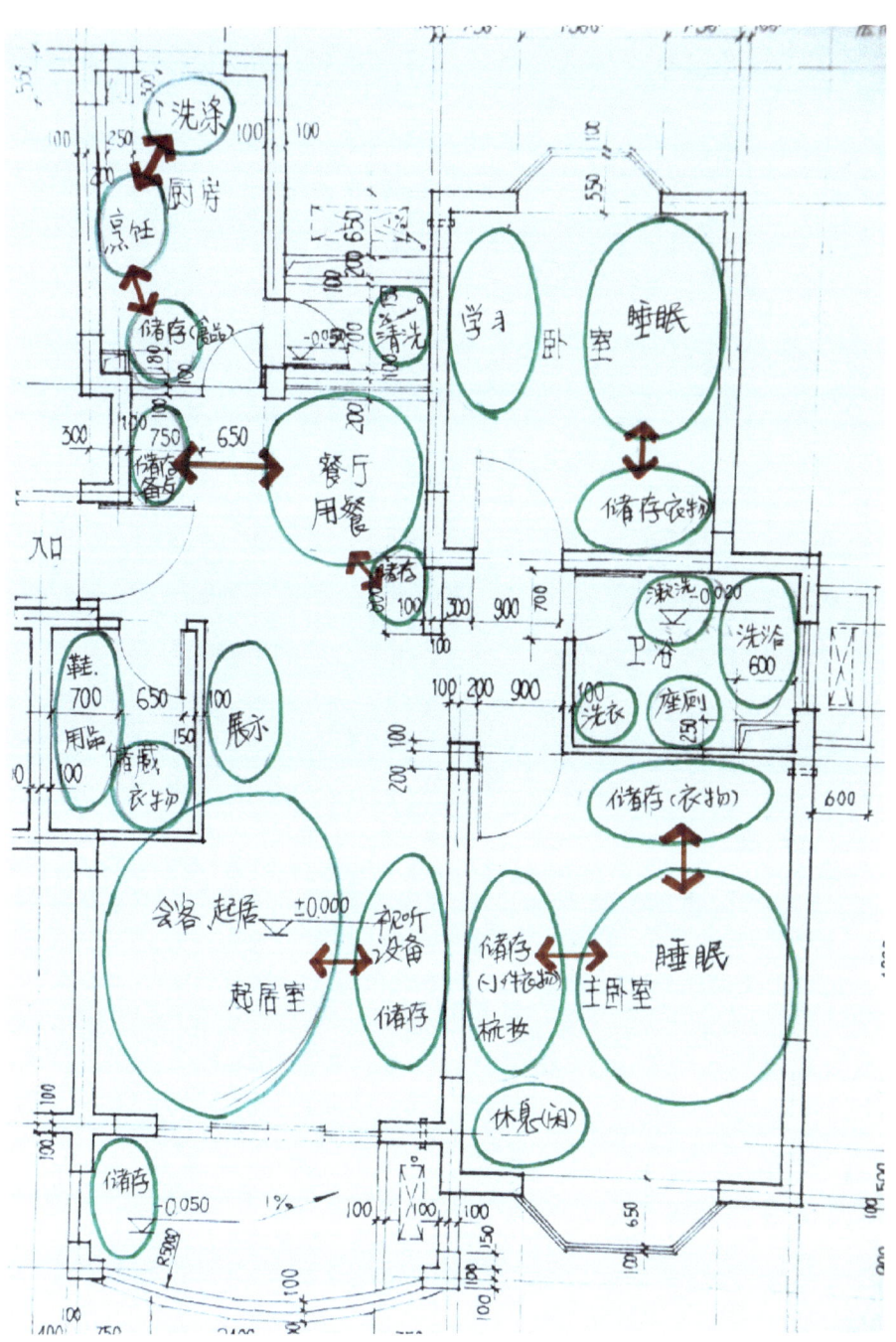

图 2-4　主要功能区域图

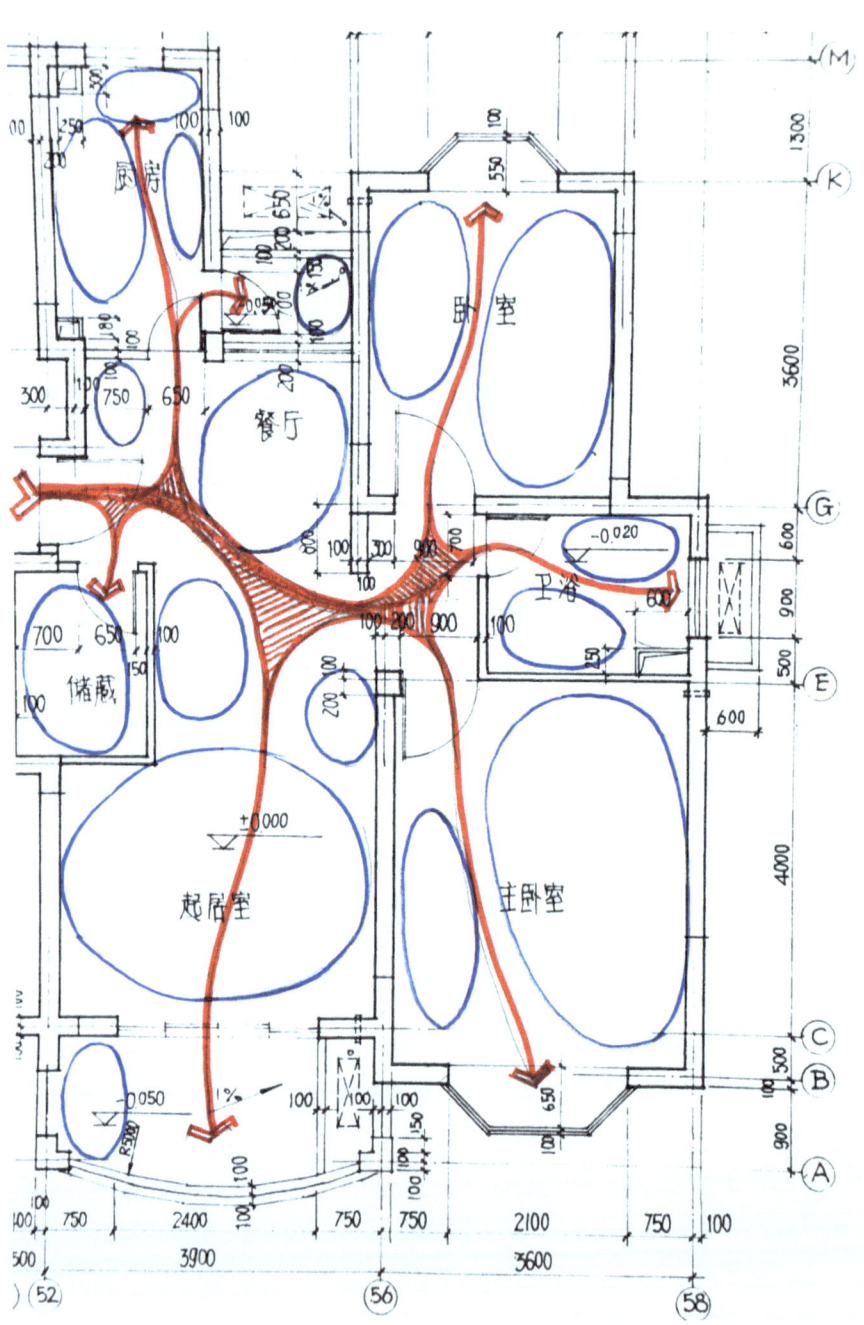

图 2-5　交通关系图

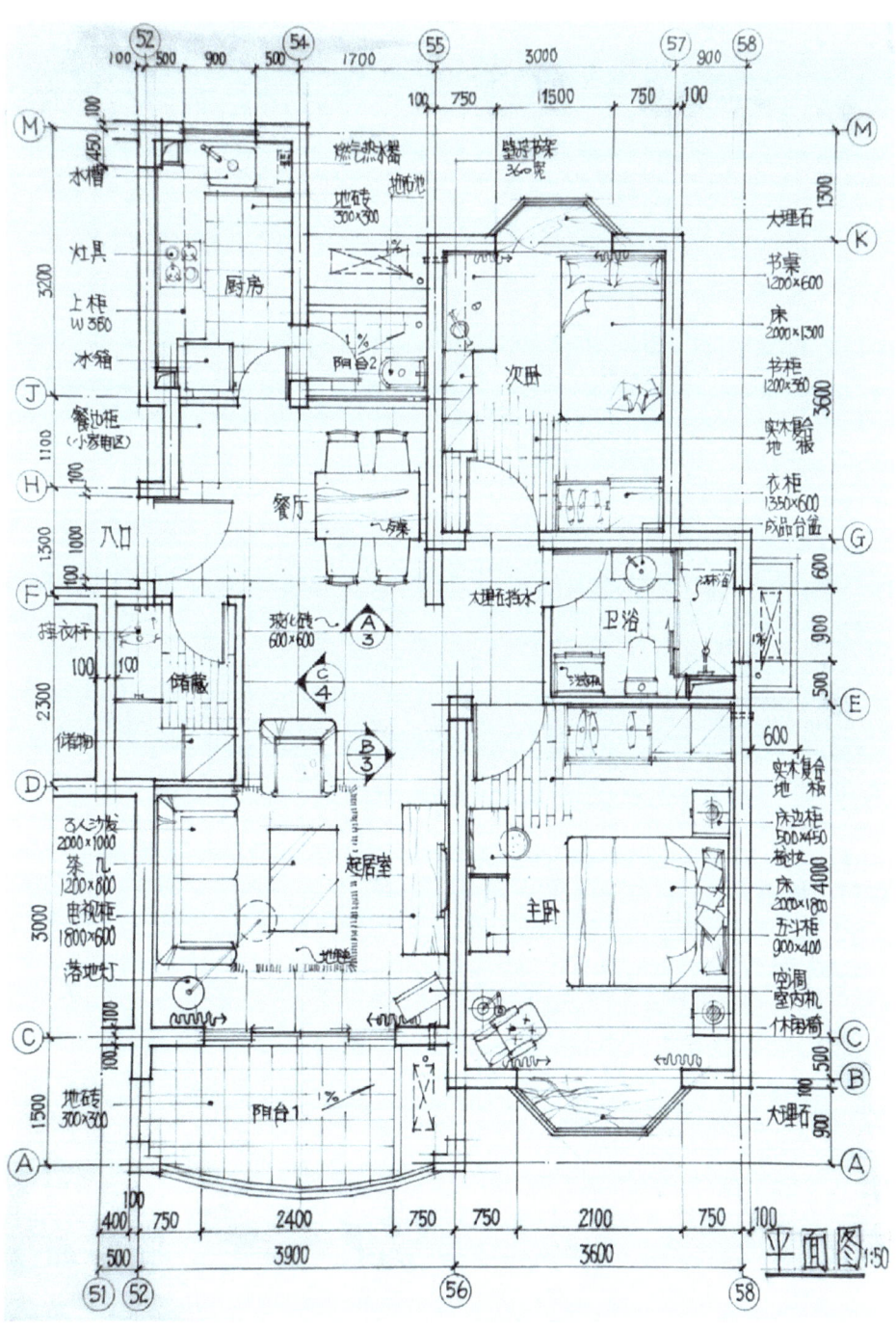

图 2-6 两室两厅室内平面布置图

(3) 建筑空间构成要素：界面（底界面、侧界面、顶界面），如图2-7所示。通过界面限定来构成空间。

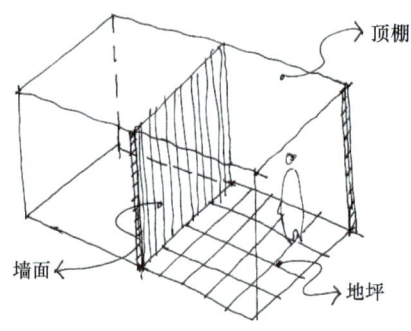

图2-7　构成要素图

(4) 建筑空间划分：外部空间（无顶界面），如广场、庭院等；内部空间（三界面齐全），如房间、亭子、门廊、雨篷等。

2. 室内空间的功能分析

(1) 空间群：主要活动空间，辅助活动空间，交通联系。

(2) 单一空间：人体尺度（静止、适当运动），如图2-8～图2-10所示；交往距离、交通距离；室内各内含物。

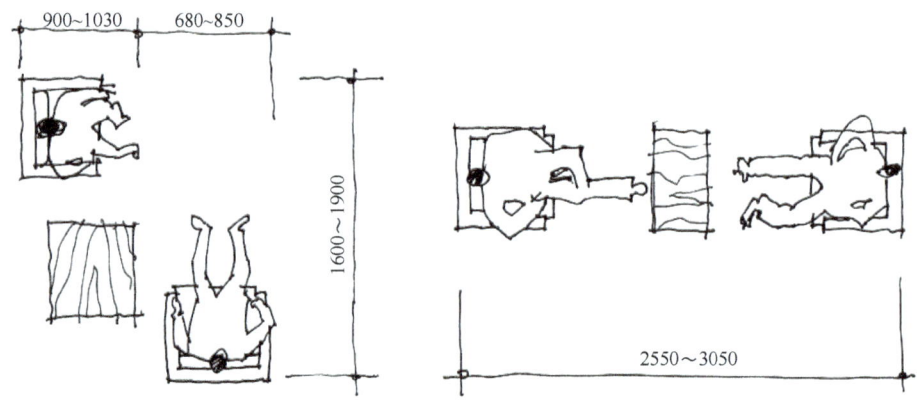

图2-8　沙发组合所需空间

3. 室内空间的分类

(1) 按动静划分，分为动态空间和静态空间。
(2) 按变化划分，分为固定空间和变化空间。
(3) 按开合划分，分为封闭空间和开敞空间。开敞方式如图2-11所示。
(4) 按内外划分，分为内部空间、过渡空间和外部空间。
(5) 按显隐划分，分为明确空间和虚拟空间。
(6) 按序列划分，分为起始空间、准备空间、高潮空间和终结空间。

进行创意设计时要注意三点：空间导向、视觉中心、对比统一。

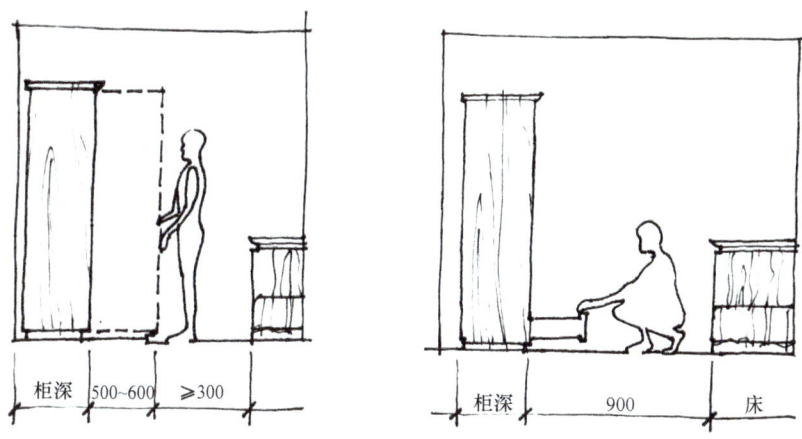

图 2-9　使用衣柜所需空间

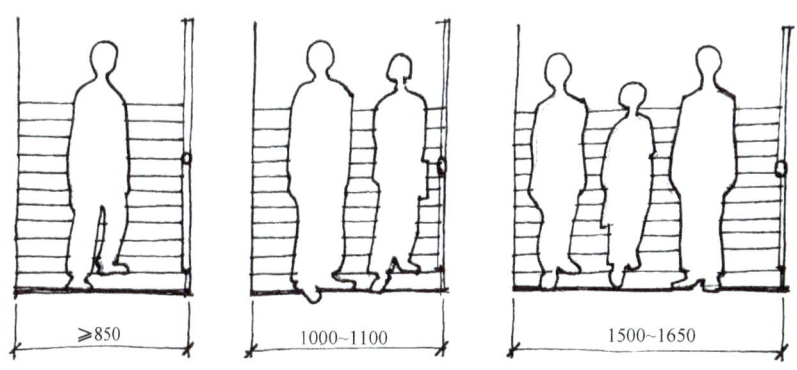

图 2-10　确定楼梯宽度

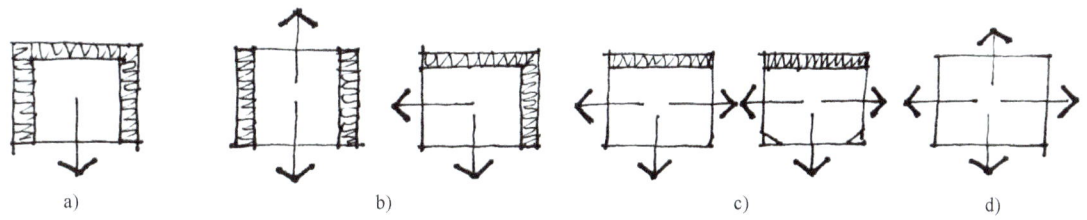

图 2-11　开敞方式

a）单面（门厅）　b）双面（过廊）　c）三面（阳台）　d）四面（亭）

二、室内空间组织

1. 室内空间联系（见图 2-12）

(1) 连接，连接空间大小、高度上有区别。

(2) 邻接，如踏步、高差等。

(3) 穿插，形成互相渗透等。

(4) 包含，母子空间。

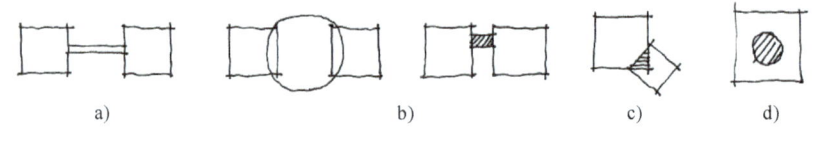

图 2-12 室内空间联系

a) 连接 b) 邻接 c) 穿插 d) 包含

2. 空间的限定

(1) 限定秩序，包括内外、房间、房间内部。

(2) 常用方法，包括凸起、凹进、独立、围合、架起、覆盖、肌理变化。

(3) 隔断分隔，包括全部和局部（如景观办公）、灵活（如摆放屏风）和固定，实隔（如用墙分隔）和虚隔（以玻璃、罩等分隔）。

(4) 限定材料，包括承重结构、附加物、家具、色彩、光、声。

【知识拓展】

(1) 居住类空间要满足人们团聚交流、烹饪用餐、沐浴梳妆、睡眠休息、学习休闲、储存与家务等个人或家庭生活的多功能需要。各类居住建筑室内空间的功能基本相同，但因受到所处的区域环境、住宅空间类型以及相应的装修标准等因素的影响，其功能设计也各有特点。例如，空间面积相对较小的小户型公寓，其生活空间以满足基本功能为主，有时也会考虑空间的多功能；又如别墅类住宅空间，其空间数量较多、面积较大，使各空间功能相对单一，各空间特征明显，尤其是客厅、餐厅等公共空间较为宽敞。因此，除满足基本功能要求外，还应根据居住空间的环境特征，注重个性化创意设计。

(2) 根据居住空间的功能要求与环境特征，可综合运用平面构成、立体构成、人体工程学等设计原理，但应突出某一造型的基本要素，注重空间的整体统一与协调并符合人体工程学基本原理。

(3) 要注重借鉴成功的居住建筑空间装饰设计案例，学会在生活过程中学习并关注各种体验，才能发掘自我的创造能力，因为创意源于对生活的热爱与关注。

【课外活动】

请根据室内设计师提供的项目设计任务书及建筑平面图，为此居住空间进行建筑装饰方案（功能）设计。

居住建筑室内设计任务书

1. 设计条件

(1) 上海市浦东新区古棕路一多层住宅，房型为两室两厅一厨一卫，详见建筑平面图（图 2-13）。

(2) 室内净高为 2.70m，南阳台门洞高为 2.40m，卫生间窗台高为 1.05m、窗洞高为 1.40m，卫生间管底标高为 2.42m，其余尺寸以平面图标注为准，未标注尺寸请按比例确定。

(3)业主构成情况为一对青年夫妻。男主人 35 岁,某房地产开发项目管理公司业务主管;女主人为自由职业者,从事创意产业工作。

2. 设计要求

(1)功能组织合理,整体风格协调,体现现代主义流派空间特点,并符合经济适用、美观的要求。

(2)业主要求在主卧室选用大尺度卧床,并需安排足够的独立储物空间,主要是季节用品,男、女主人的衣物等。

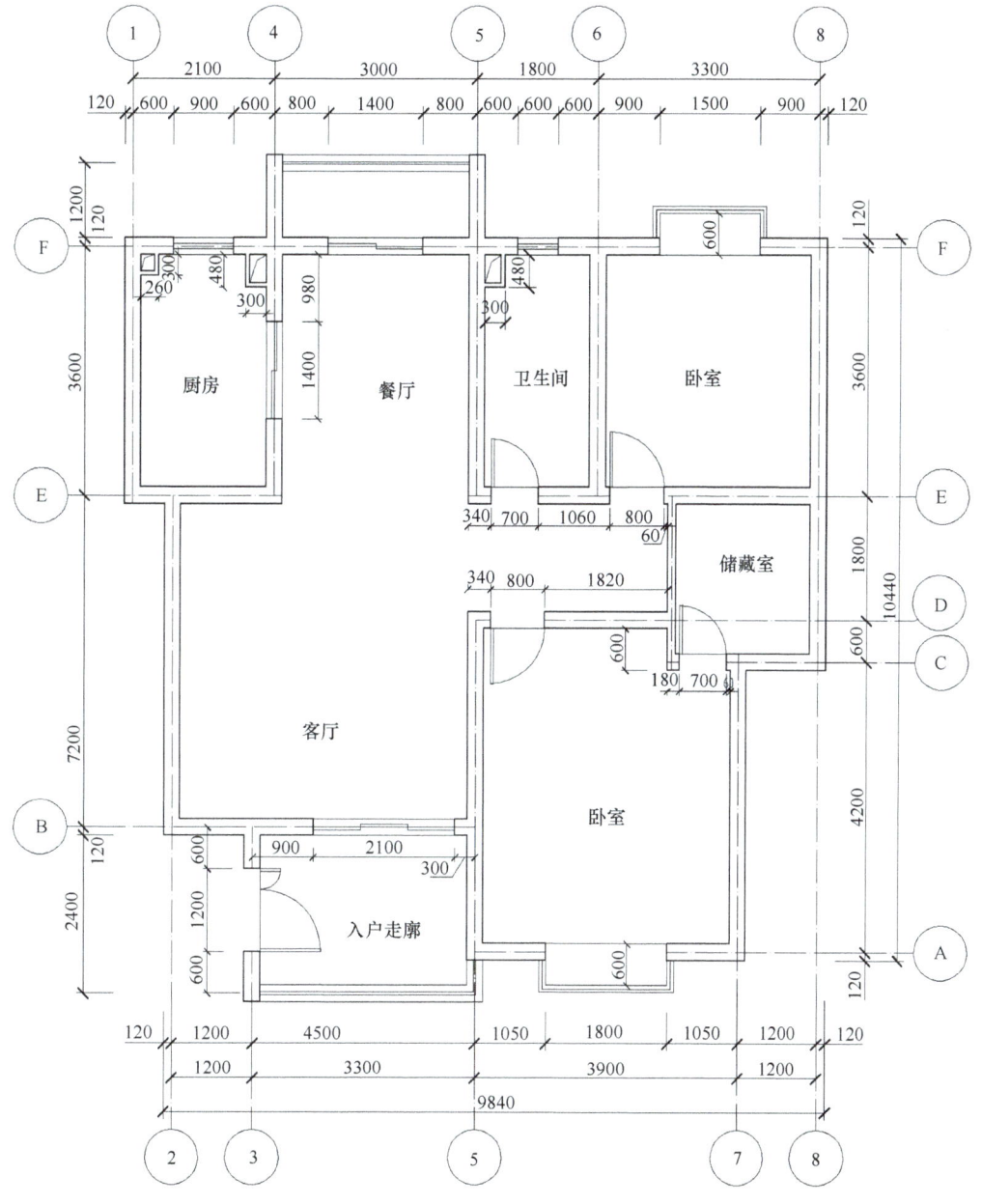

图 2-13　两室两厅一厨一卫建筑平面图

(3) 需要考虑独立的工作区域。

(4) 不需要考虑客房，但就餐环境要宽敞并有情调。

(5) 在南侧进厅与起居室之间要考虑有合理的分隔，并在进厅区考虑鞋帽、雨具等日常用品的储存。

(6) 卫生间不考虑纳入洗衣功能，但在洗衣区内要考虑洗衣斗。

3. 图样要求

(1) 平面布置图1：50，并标注相应说明。

(2) 方案设计说明（100字以内）。

(3) 可绘制室内主要空间效果图1幅（画稿不小于A4幅面）。

4. 建筑平面图（见图2-13）

学习情境2　商业空间调查

【情境描述】

前面已经学习了居住建筑装饰及室内设计项目的功能分析，下面通过商业建筑装饰及室内设计项目调查，了解商业建筑空间装饰设计与功能之间的关系，从而学习公共建筑空间是如何实现创意设计的，同时有助于激发居住建筑空间创意设计的灵感。

【任务实施】

(1) 选择一个时尚商业购物中心，确定一种商业建筑室内空间类型。成人服饰类，如图2-14所示的德国纽伦堡某女装店，如图2-15所示的上海港汇广场马克华菲服装专卖店，如图2-16所示的上海龙之梦BACKSTAGE女装店。儿童用品类，如图2-17所示的德国纽伦堡玩具店，如图2-18所示的儿童服装店橱窗。生活用品类，如图2-19所示的德国彻勒某家居用品店，如图2-20所示的橱窗展示。

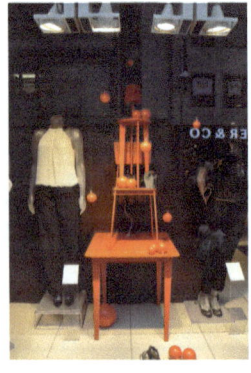

图2-14　纽伦堡某女装店

图2-15　上海港汇广场马克华菲服装专卖店

图2-16 上海龙之梦BACKSTAGE女装店

图2-17 德国纽伦堡玩具店

图2-18 儿童服装店橱窗

图2-19 德国彻勒某家居用品店

图2-20 橱窗展示

（2）根据给定的商业空间调查表，对商业空间进行实地调查。商业空间（专卖店）调查情况见表2-1。

表2-1 商业空间（专卖店）调查情况表

品牌名称				主营商品	
品牌产地				① 服装　② 鞋　③ 箱包	
营业厅面积/m²				④ 眼镜　⑤ 电子产品	
店铺位置		区　　楼　　室		⑥ 家电　⑦ 金银首饰	
专卖店特征		① 同类商品　② 品牌商品		⑧ 工艺品　⑨ 化妆品　⑩ 其他	
室内空间功能布置		（包括主要的功能区及相应面积）			
品牌展示方式		位　　置		形　　式	
	店面	① 门楣　② 侧墙　③ 地面　④ 其他		① 文字　② 商标　③ 图形　④ 其他	
	店内	① 主背景墙		① 主题墙	
		② 顶棚		② 区域标志系统	
		③ 地面		③ 个性化陈列架（台/柜）	
		④ 陈设		④ 品牌广告标志	
		⑤ 其他		⑤ 个性化图形造型	

（续）

空间界面处理		造型	材质	照明	色彩	其他
	地面					
	墙面					
	顶棚					
商品展示方式		① 展台	② 展架	③ 展柜	④ 模特	⑤ 道具	⑥ 其他
展示设施尺度/（长×宽×高/mm×mm×mm）						
照明设计		(如何引人注目？如何引入商店？如何使商品被关注？如何使眼睛不疲劳？)				
气氛营造		(如何从店面、入口、室内等各方面营造气氛、塑造形象？) 选项：①有生气的愉快感 ②爽快的清洁感 ③安定的平稳感 ④戏剧性的幻想感				
品牌故事		(包括年代、产地、制造商、文化背景等)				
调查地点			调查时间		调查者	

注：1. 表格中的①②等编号为选项内容，可单选也可多选。
2. 最后三项附页。
3. 绘制专卖店平面图并有相应文字说明。

(3) 在规定的时间内，通过了解、观察、记录及索取资料等方式进行调查。
(4) 汇总收集的各种信息资料，填写"商业空间（专卖店）调查情况表"。
(5) 分组对收集的资料以多媒体方式进行交流与分析，以提高感性认识，并获得体验。

【学习支持】

1. 商业建筑分类

按行业类型分可分为零售类、批发类、餐饮类商业建筑。

按消费行为分可分为物品业态、体验业态商业建筑。

物品业态是指为消费者提供购物服务的建筑形式，如百货商场、超市、购物中心、家居建材超市、商品专卖店、折扣商店等。

体验业态是指为消费者提供身心感受的建筑形式，如娱乐、休闲。

2. 超级市场简史

(1) 超级市场已成为发达国家全新的商业形态。1916年其雏形产生于美国田纳西州孟菲斯市一家名为"皮格利·威格利"的新式食品杂货店。

(2) 1930年在美国纽约州长岛创办的金·卡伦食品店是第一家具有现代意义的超级市场。

(3) 1981年中国大陆第一家超级市场产生于广州友谊商店附设的小型超级市场。

3. 商业空间组织

(1) 大型专卖店空间面积构成比例中，营业厅约占45%；客人接待、厕所占10%；仓库、后方配套设施约占45%。

(2) 小型专卖店空间面积构成比例中，营业厅约占75%；客人接待、厕所占20%；仓库占5%。

(3) 购物中心内售货区的主通道要有足够的人流疏散面积，一般考虑 5~8 人的并排穿行，以每人正常比例 80cm 自由宽度为准，大约需要 4~6m 宽度的交通线。每个货区内的交通尺度可以最小宽度为 1m 的距离灵活划分。

4. 服装商店试衣间

(1) 时装商店内一个标准型的试衣间尺寸为 1000mm×1200mm。

(2) 时装商店内一个圆形试衣间的直径为 1000mm。

5. 展示与陈列

(1) 人的视觉有效高度范围为离地 300~2300mm。

(2) 在开敞式售货方式中，识别和选取商品的有效范围为 600~2000mm。

(3) 展示空间的重点陈列高度区域为 1600~2000mm。

(4) 在开敞式售货方式中，顾客选取商品频率最高的范围为 900~1800mm。

(5) 陈列设施中，商品存放的空间区域高度为 100~600mm。

6. 展示与照明

(1) 照明方式一般可分为普通照明、重点照明、装饰照明和安全照明。

(2) 在商店的照明中，橱窗照度为营业空间中最高，为普通照明的 2~4 倍；重点照明为突出商品照度，是一般照明的 3~5 倍。

(3) 商店橱窗为防止镜像，当光线垂直向 5mm 厚的透明玻璃入射时，橱窗内陈列品的亮度必须至少有外景亮度的 10% 以上。

(4) 在陈列柜中，照明设施的高度范围为 2000~2300mm。

(5) 按商品照度标准规定，内衣、鞋类等物品的照度为 500lx。

(6) 按商品照度标准规定，新鲜蔬菜、鲜肉制品、食品、礼品的照度为 1000lx。

(7) 在商店内陈列照明中，陈列高架的照明一般用聚光灯，商店内的环境照明一般用荧光灯。

【知识拓展】

(1) 各类商业建筑空间的功能、所处的环境以及相应的装修标准各不相同，商业建筑空间设计也各有特点。其空间设计除满足人们在娱乐、休闲活动时对物质和精神生活的基本功能要求外，还应根据空间环境特征，注重个性化创意设计。

(2) 现场踏勘应准备尺、记录纸、笔等记录工具及用品；踏勘时一般以 2~3 人为一组。

(3) 现场踏勘时应遵守社会公德，遵守商店管理规定，不影响商家的正常经营活动，以合理的踏勘方式进行社会调查教学活动。

【课外活动】

请选择市区商业中心内一家专卖店进行踏勘，并在规定的时间内，用目测、步距及记忆等方式进行踏勘记录。踏勘后，汇总收集的各种信息资料，填写"商业空间（专卖店）调查情况表"（表 2-1），绘制专卖店店面局部平面图、立面（展开）图或效果图，编写相应的文字说明。

学习情境3 模型制作

【情境描述】

在学习运用美术、平面构成、色彩构成、立面构成等基础知识，完成模型制作与立体构成在建筑装饰与室内设计项目中的创意运用之前，首先要认知与掌握建筑空间模型制作的基础知识，这样才能在项目中结合专业设计原理熟练掌握建筑空间创意。下面通过住宅建筑装饰及室内设计项目模型的制作，学习建筑空间创意设计。

【任务实施】

（1）根据设计方案或施工图按照制作比例绘制模型制作图。住宅建筑装饰设计模型制作常用比例为1∶50。

（2）根据建筑空间的设计方案表现要求，明确制作标准、内容、比例、材料、时间等，熟悉设计方案或施工图。

以木材和塑料等材料相组合制作比例为1∶50的建筑长廊模型，如图2-21所示。以卡纸、厚纸板制作比例为1∶100的临水建筑概念模型，如图2-22所示。以有机玻璃（聚甲基丙烯酸甲酯）、KT板等塑料材料为主制作比例为1∶50的精美居住空间模型，如图2-23所示。倡导环保理念，以白色纸巾、牛皮纸、包装纸板、木屑等废弃物制作比例为1∶100的生态别墅建筑与环境模型，如图2-24所示。

图2-21 建筑长廊模型

图2-22 临水建筑概念模型

（3）制定模型制作方案。根据设计方案的特点与时间要求确定模型的表现形式，进行材料选择，安排时间进度。

使用纸质、木材与木屑、透明胶片（涤纶薄膜）等多种材料制作的别墅模型，以表现建筑外观及周围环境为主，如图2-25和图2-26所示。以木材或KT板塑料为主制作精美的室内空间模型，注重表现建筑内部的空间组织、界面处理、家具陈设等室内环境，如图2-27所示。

•••• 项目二 建筑空间创意

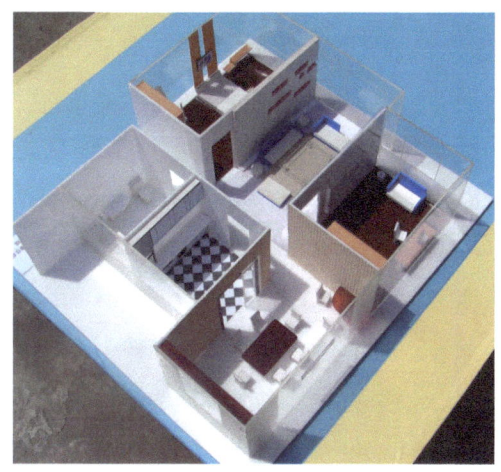

图 2-23 居住空间模型

图 2-24 生态别墅建筑与环境模型

图 2-25 别墅模型

图 2-26 建筑外观及周围环境模型

a)

b)

图 2-27 室内空间模型

(4) 材料选购。按照模型制作方案准备模型材料。

(5) 放样。根据模型制作图按比例准确地绘制在加工材料上，然后进行切割、粘接成立体框架，再进行表面装饰，如图 2-28 和图 2-29 所示。

图 2-28　模型制作图

图 2-29　立体框架

(6) 制作安装过程：孔洞加工→框架折面与粘接→体面装饰→整体安装。

(7) 检查、评价。

【学习支持】

一、材料与工具

1. 材料

(1) 纸质材料。卡纸、厚纸板，如图 2-30 所示；植绒纸，如图 2-31 所示；镭射纸，如图 2-32 所示；瓦楞纸，如图 2-33 所示。

图 2-30　卡纸、厚纸板

(2) 塑料材料。有机玻璃（聚甲基丙烯酸甲酯）、软泡沫塑料（海绵）、发泡塑料（苯板），如图 2-34 所示；KT 板，如图 2-35 所示；透明胶片（涤纶薄膜），如图 2-36 所示；粘贴纸（即时贴），如图 2-37 所示。

(3) 金属材料。铝皮、铜皮、铁皮、金属丝（铜、钢丝）、不锈钢，如图 2-38 所示。

图 2-31　植绒纸

图 2-32　镭射纸

图 2-33　瓦楞纸

图 2-34　发泡塑料（苯板）

图 2-35　KT 板

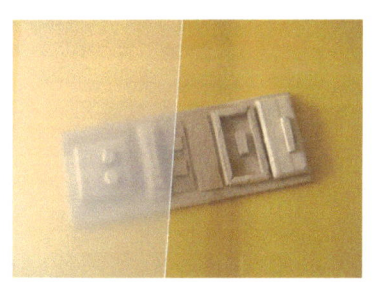

图 2-36　透明胶片（涤纶薄膜）

图 2-37　粘贴纸（即时贴）

图 2-38　金属材料

(4) 竹木材料。木片如图 2-39，木条如图 2-40 所示。

图 2-39 木片

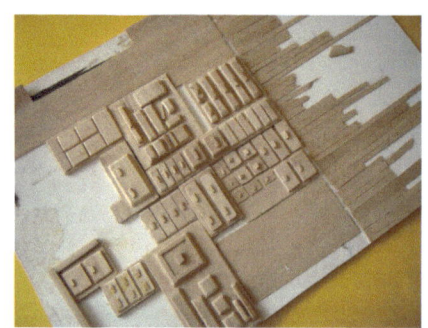

图 2-40 木条

(5) 编织材料。布料、藤编、地毯、麻布，如图 2-41 所示。

a)

b)

图 2-41 编织材料

(6) 颜料。水粉、丙烯、纺织品颜料、罐喷漆。

(7) 粘结剂。常用的粘结剂有以下几种：

三氯甲烷（氯仿）、丙酮，有毒、易燃、易挥发，使用时可采用玻璃注射器，主要粘接有机玻璃、ABS 塑料板。

万能胶（百得胶、立时得、强力胶等），涂胶时待稍干再粘合，主要粘接底板与塑料、木质、薄金属片等两种不同的材料。

白乳胶，干固较慢、干后透明，胶痕淡，主要粘接纸质材料、竹木材料、编织材料。

快干胶（UHU 胶），粘合速度快，无明显胶痕，是航模用透明胶，主要粘接纸质材料、塑料材料、竹木材料。

502 胶，粘接速度快，黏性强，主要用于塑料、瓷器、木料、金属等其中两种不同材料的粘接。

其他，如环氧胶、硅胶、胶带等。

2. 工具

（1）基本工具。剪刀；钢、皮尺长度为 30～100cm；美工刀与手术刀，分别如图 2-42 和图 2-43 所示；钢锯与雕花锯（线锯）；锉刀与砂纸；镊子如图 2-44 所示；注射器：医用，容量为 5mL，针头 5 号、6 号。

图 2-42　美工刀

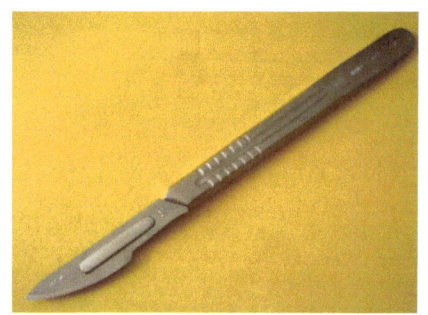

图 2-43　手术刀

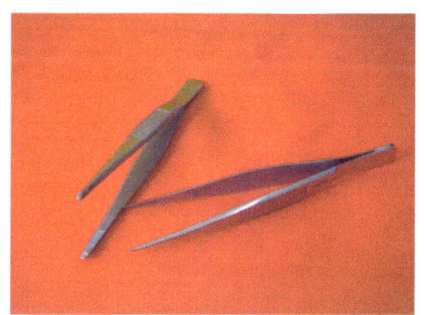

图 2-44　镊子

（2）辅助工具。圆规；铅笔、水笔、绘图笔、水粉笔、马克笔、油漆笔等；三棱比例尺，如图 2-45 所示；直角尺如图 2-46 所示，台虎钳与手虎钳用于较小部件的夹固，如图 2-47 所示。其他辅助工具：小车床、台钻、刨床、砂轮机、计算机雕刻机、手提钻、手摇钻。

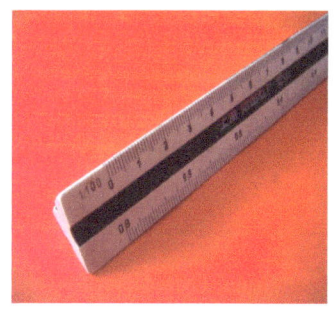

图 2-45　三棱比例尺

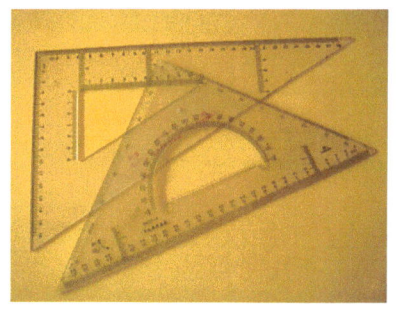

图 2-46　直角尺

（3）专用工具。拉刀（有机玻璃勾刀）用于切割有机玻璃、塑料板、三夹板、薄铁皮等板材，如图 2-48 所示；电热丝锯（电热锯）用于切割发泡塑料（苯板）板块、吹塑纸，要自制；小锯床用于切割较厚的塑料、木条；刻刀（门窗孔刻刀）是在卡纸、TK 板、ABS

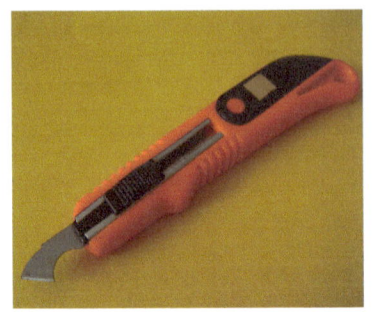

图 2-47 台虎钳与手虎钳
a) 台虎钳 b) 手虎钳

图 2-48 拉刀(有机玻璃勾刀)

塑料板上开门窗孔的专用刻刀,也可用手术刀等其他刀具,如图 2-49 所示。

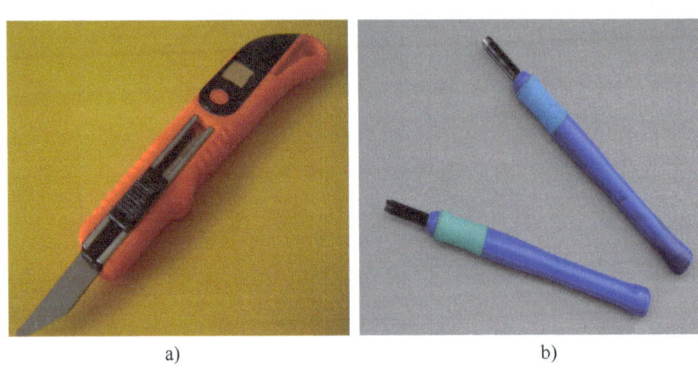

图 2-49 刻刀(门窗孔刻刀)

二、模型图样

制作模型时,一定要根据设计方案或施工图按照制作比例绘制模型制作图样。

三、模型制作步骤

1. 明确制作要求

明确制作标准、内容、比例、材料、时间等,熟悉设计方案或施工图。

2. 制定模型制作方案

根据设计方案的特点与时间要求确定模型表现形式,进行材料选择,安排时间进度。

3. 材料选购

(1) 外观性能:质感、平整度。
(2) 机械性能:材料强度、硬度、韧性和脆性。
(3) 理化性能:材料稳定性、耐腐蚀性。
(4) 加工性能:简易、方便。
(5) 合理性:注重环保、价廉物美、半成品或成品模材,如包装纸盒、旧卡纸、泡沫塑料、ABS 塑料板、人造海绵、易拉罐、塑料饮料罐、吸管、麦秆、木屑等废旧物品。

4. 放样

根据模型制作图按比例准确地绘制在加工材料上，然后进行切割、粘接成立体框架，再进行表面装饰。放样步骤如下：

第一步，确定模型比例（三棱尺或复印机）。

第二步，放样前的材料切割，图样依次排列，省时且减小误差；套裁利于节约材料，有利于模型的稳定性与搭接构造的合理性。

第三步，放样。具体包括以下几个方面。

底盘：先上色再绘制，凹凸部分可复绘。

木板：先打磨再放样，易用铅笔。

塑料板、金属板：用美工刀与手术刀在材料背面刻画。

卡纸：可铅笔或刻刀画线。

放样与绘图一样，只是更简洁，要求表示出加工部分的大小及位置等。

四、制作

制作技法（27法）：剪、刻（精）、切、撕、锯、刨、锉、钻、编（织）、雕、粘、焊（金属）、烫、串（绿化）、扎、镶、卷、接、折、插、拧、绣、团、钉、染、喷、绘。

1. 孔洞加工

（1）ABS 塑料板或卡纸。工具：刻刀、锤子、硬垫板（铁板上粘贴一块 ABS 塑料板或卡纸）；方法：将刻画好的材料放在垫板上，用刻刀垂直放在要开孔的刻线上，用锤子敲击刻刀顶部，逐一将框孔开出。

（2）三夹板或有机玻璃。工具：电钻或手摇钻、雕花锯（线锯）；方法：先在要开孔的位置上用电钻或手摇钻钻孔，再将雕花锯（线锯）的钢丝锯齿朝下穿入装好，按画线逐一锯割。

（3）圆孔。小孔可用电钻或手摇钻直接钻孔，但钻孔前，应先用冲头（铁钉）敲一凹点，以免钻孔时位置偏移。钻大孔，可在圆弧上打一排小孔，然后刻下多余部分，再用圆锉修圆顺。

2. 框架折面与粘接

（1）ABS 塑料板或卡纸。这类较薄软材料可用连续折面法，即展开图折面法。

（2）三夹板、有机玻璃。这类较硬脆材料，一般先切割出各立面，经打磨后再粘接成框架，又称立面粘贴，如图 2-50 所示。

3. 体面装饰

（1）门窗套等线饰制作。可用不同宽度的直条（拱形只需烘烤弯成弧形），如木片、ABS 塑料片、厚卡纸、有机玻璃条等粘成梯形长条，再按图样的要求锯切、拼接而成，如图 2-51 所示。

图 2-50　立面粘贴

(2) 玻璃门窗框制作。具体方法如下：

1) 将合适的粘贴纸（即时贴），如铝合金色、棕色、墨绿色等粘贴纸裁成细条，在装配时贴在墙面门窗玻璃框位置上即可。

2) 用钢针或拉刀在有机玻璃等材料上刻画窗玻璃框格，再用厚水粉颜料擦涂有机玻璃，使颜料嵌入刻痕缝内，表示玻璃窗框格，待干后擦去划痕外的颜料。

3) 可选用合适的油漆笔直接绘制玻璃门窗框格。

(3) 栏栅制作。可在薄的透明胶片（涤纶薄膜）上用油漆笔直接绘制，或在有机玻璃上粘贴细软的铅丝、铜丝，也可用铜丝焊结而成。

(4) 立柱制作。可用金属管制成不锈钢直柱，可用木棒、竹木筷雕刻成大理石立柱，也可用塑料吸管、麦秆上色制成，如图 2-52 所示。

(5) 屋面制作。屋顶瓦楞制作，用拉刀将 ABS 塑料板、有机玻璃板或有色垫板刻成直条，再按瓦片颜色喷漆，或将板材裁成横条，一层层粘接后按瓦片颜色喷漆为洋瓦。

图 2-51　门窗套等线饰制作

图 2-52　立柱制作

【知识拓展】

(1) 各建筑或室内空间的功能、所处的环境以及相应的装修标准各不相同，模型制作也各有特点。居住类空间要满足人们团聚交流、烹饪用餐、沐浴梳妆、睡眠休息、学习休闲、储存与家务等个人或家庭生活的多功能需要，而且空间面积相对较小，因此各空间模型制作应以体现基本功能、家具为主，装饰为辅，并应注重空间的整体与统一；公共建筑类空间，如办公、商业、娱乐、餐饮、展示等，其主要功能相对单一，空间特征明显，尤其公共空间较为宽敞，因此模型制作除满足基本功能要求外，还应根据空间环境特征，注重个性化装饰与创意设计。

(2) 在模型公司，制作模型通常有设计、绘图、确认、排版、雕刻、清板、组装、成型、喷漆、以及装饰、环境等后期加工步骤。模型公司一般按照来样加工方式进行模型制作，模型制作生产的主要过程是，首先由客户提供产品设计图稿和样品，客户第一次打样需要支付一定的打样费；然后由绘图部的绘图员用 CAD 软件绘制设计图样，并排版、计算每个产品所耗用的毛料；接着雕刻部在 ABS 板上，用雕刻机把图形雕刻出来；然后由制作部的制作人员粘接组装模型，先把模型骨架搭起来，之后喷漆（模型颜色根据客户需要）、上模型配件（配件和主干、骨架一样，也要喷相应颜色的漆），完成整体制作；最后包装、送货。

（3）现代模型制作与表现技术已经有了新的发展，除了实体模型制作外，还通过综合运用灯光、多媒体技术等手段来表现城市、建筑、室内等空间环境，极大地丰富了模型的表现形式和效果。

【课外活动】

请根据室内设计师提供的居住空间建筑装饰方案设计文件，按照制作比例制作模型制作图，比例为1∶50，模型制作的材料、方案自定。

模型制作以小组为单位，宜2～3人为一组，团队合作共同完成模型制作任务，完成制作后开展小组间相互检查活动，并进行自我评价。

项目三

建筑装饰创意

【项目概述】

在建筑装饰项目设计中,无论是建筑装饰还是室内空间设计,装饰是建筑空间中不可或缺的基本要素之一。建筑或室内空间所处的区域环境、民俗文化,以及装饰材料、技术与装饰密切相关。建筑的装饰与创意已成为当今一名建筑装饰师或室内设计师必须掌握的一项基本技能。

如今,许多初学者往往将地域环境、民俗文化以及装饰材料与建筑装饰或室内设计的原理割裂开来,在学习中忽略了建筑空间的功能、技术、装饰艺术(建筑文化、民俗文化以及装饰材料等基础知识)在建筑空间创意设计中的重要作用。因此,将专业设计原理与建筑文化、民俗文化以及装饰材料的相关知识相结合显得尤为重要。

在本项目中,结合建筑装饰项目设计的基本内容与过程,通过三个活动来介绍建筑文化与创意,地域文化、艺术与创意,材料、技术与创意的关系。

学习情境1　苏州园林参观(建筑文化与创意)

【情境描述】

确定几个典型的苏州园林建筑空间(或当地典型的传统民居建筑),赴实地参观考察,并运用测量、摄影、摄像等各种方式收集素材。根据现场收集的素材编写调研报告,并绘制相关测绘图(平面图、建筑装饰细部造型母题),以全面了解江南园林建筑(或当地典型的传统民居建筑)的文化特征。

【任务实施】

(1)确定几座典型的苏州园林建筑(或当地典型的传统民居建筑):网师园(见图3-1),拙政园(见图3-2),沧浪亭和狮子林。

(2)赴实地参观考察,收集素材。网师园进厅如图3-3所示,看松读书轩如图3-4所示。

图 3-1　网师园

图 3-2　拙政园

图 3-3　网师园进厅

图 3-4　看松读书轩

（3）分析比较几座典型的苏州园林建筑装饰素材。网师园铺地扇形装饰如图 3-5 所示，长廊中造型各异的漏窗如图 3-6 所示。

图 3-5　网师园铺地扇形装饰

图 3-6　造型各异的漏窗

(4) 绘制相关测绘图（平面图、建筑装饰细部造型母题）。

(5) 编写调研报告。

【学习支持】

苏州是我国著名的国家级历史文化名城，有"人间天堂，园林之城"的美誉。这里素来以山水秀丽、园林典雅而闻名天下，有"江南园林甲天下，苏州园林甲江南"的美称。苏州古典园林"不出城郭而获山水之怡，身居闹市而有灵泉之致"，1985年苏州园林被评为中国十大风景名胜之一。

在一定的地域运用工程技术和艺术手段，通过改造地形（或进一步筑山、叠石、理水）、种植树木花草、营造建筑和布置园路等途径创作而成的美的自然环境和游憩境域就称为园林。苏州园林是指中国苏州城内的园林建筑，以私家园林为主，采用缩景的手法，给人以小中见大的艺术效果，为苏州赢得了"园林之城"的美誉。其起始于春秋时期的吴国建都姑苏时（公元前514年），形成于五代，成熟于宋代，兴旺于明代，鼎盛于清代。到清末苏州已有各色园林170多处，现保存完整的有60多处，对外开放的园林有19处。占地面积不大，但以意境见长，以独具匠心的艺术手法在有限的空间内点缀安排，移步换景，变化无穷。1997年，苏州古典园林作为中国园林的代表被列入《世界遗产名录》。

苏州主要园林如下。

(1) 私家园林：拙政园、沧浪亭、狮子林、留园、网师园、艺圃、环秀山庄、耦园。

(2) 佛教园林：报恩寺（北寺塔）、西园、寒山寺、双塔、瑞光塔。

(3) 王家园林：虎丘（吴王阖墓）、灵岩山（吴王行宫）。

1. 拙政园

拙政园位于苏州娄门内，明正德年间（1506—1521）修建，现存园貌多为清末时所形成，占地面积达62亩（1亩=666.7m^2），现为国家重点文物保护单位，是苏州最大的一处园林，也是苏州园林的代表作。拙政园的布局主题以水为中心，池水面积约占总面积的1/5，各种亭台轩榭多临水而筑，主要建筑有远香堂、雪香云蔚亭、待霜亭、留听阁、十八曼陀罗馆、卅六鸳鸯馆等。拙政园的建筑布局疏落相宜、构思巧妙，风格清新秀雅、朴素自然。西部原为"补园"，面积约12.5亩，其水面迂回，布局紧凑，依山傍水建以亭阁，因被大加改建，所以乾隆时期后形成的工巧、造作的艺术风格占了上风，但水石部分仍较接近中部景区，起伏、曲折、凌波而过的水廊、溪涧则是苏州园林造园艺术的佳作。

2. 沧浪亭

沧浪亭位于苏州城南，始建于北宋庆历年间，南宋初年曾为名将韩世忠的住宅，与狮子林、拙政园、留园并列为苏州宋、元、明、清四大园林，是苏州最古老的一所园林。沧浪亭造园艺术与众不同，未进园门便设一池绿水绕于园外。园内以山石为主景，迎面一座土山，沧浪石亭便坐落其上。山下凿有水池，山水之间以一条曲折的复廊相连。假山东南部的明道堂是园林的主建筑，此外还有五百名贤祠、看山楼、翠玲珑馆、仰止亭和御碑亭等建筑与之衬映。全园布局自然和谐，堪称构思巧妙、手法得宜的佳作。此园数易其主，历经沧桑，但多是建筑物的倾毁修复，而园中假山，园外池水，大多保持旧观。

3. 狮子林

狮子林位于苏州城内东北部，始建于元至正二年（1342），至今已有600多年的历史，因园内石峰林立，多状似狮子，故名"狮子林"，是苏州四大名园之一。狮子林平面呈长方形，面积约15亩。林内的湖石假山多且精美，建筑分布错落有致，主要建筑有燕誉堂、见山楼、飞瀑亭、问梅阁等。狮子林主题明确，景深丰富，个性分明，假山洞壑匠心独具，一草一木别有风韵。

4. 留园

留园位于苏州市阊门外，始建于明代，清代时称"寒碧山庄"，俗称"刘园"，后改为"留园"。留园占地约50亩，是中国四大名园之一。其主要建筑有涵碧山房、明瑟楼、远翠阁、曲溪楼、清风池馆等。留园内建筑的数量在苏州诸园中居冠，其在空间上的突出处理充分体现了古代造园家的高超技艺和卓越智慧。在一个园林中能领略到山水、田园、山林、庭园四种不同景色：中部以水景见长，是全园的精华所在；东部以曲院回廊的建筑取胜，园的东部有著名景点佳晴喜雨快雪之亭、林泉耆硕之馆、还我读书处、冠云台、冠云楼等数十处斋、轩，院内池后方有三座石峰，居中者为名石冠云峰，两旁为瑞云、岫云两峰；北部具农村风光，并有新辟盆景园；西区则是全园最高处，有野趣，以假山为奇，土石相间，堆砌自然。池南涵碧山房与明瑟楼为留园的主要观景建筑。留园内的建筑景观还有表现淡泊处世之坦然的"小桃源（小蓬莱）"，以及远翠阁、曲溪楼、清风池馆等。

5. 网师园

网师园位于苏州城东南部，始建于南宋时期，当时称为"渔隐"。清代乾隆年间重建，取"渔隐"旧意，改名为"网师园"，其占地约半公顷，是苏州园林中最小的一座。园内主要建筑有丛桂轩、濯缨水阁、看松读画轩、殿春簃等。网师园的亭台楼榭无不临水，全园处处有水可依，各种建筑配合得当，布局紧凑，以精巧见长，具有典型的明代风格。网师园旧为宋代藏书家、侍郎史正志的"万卷堂"故址，至清乾隆年间，光禄寺少卿宋宗元购之并重建，定园名为"网师园"。网师乃渔夫、渔翁之意，又与"渔隐"同意，且与巷名"王四（一说王思，即今阔街头巷）"谐音。园内的山水布置和景点题名蕴含着浓郁的隐逸气息。

6. 艺圃

艺圃是一座建于明代的名园，最初为明代学宪袁祖庚所建，初名"醉颖堂"，后归文征明的曾孙、明末礼部左侍郎兼东阁大学士（相当于副宰相）文震孟，改名"药圃"。明亡后，在清初为明崇祯进士姜埰（号敬亭）所有，改称"敬亭山房"，后其子姜实节更名"艺圃"。至道光年间为绸缎业七襄公所所在地。艺圃为一颇具明代艺术特色的小型园林，全园布局简练开朗，风格自然质朴，无烦琐、堆砌、矫揉造作之感，其艺术价值远胜于晚清之园林作品。从山水布局，亭台开间到一石一木的细部处理无不透析出古朴典雅的风格特征，以凝练的手法，勾勒出造园的基本理念。

7. 环秀山庄

环秀山庄位于苏州城中景德路，今苏州刺绣博物馆内。该园本是五代金谷园旧址，明、清时期成为私家园林，现占地面积2179m^2，其中建筑面积754m^2。园景以山为主，池水辅之，建筑不多。园虽小，却极有气势。该园园内湖石假山为中国之最，占地仅半亩，而峭壁、峰峦、洞壑、涧谷、平台、磴道等山中之物，应有尽有，极富变化。池东主山，池北次山，气势连绵，浑成一片，恰似山脉贯通，突然断为悬崖。而于磴道与涧流相会处，仰望是一线青天，俯瞰有几曲清流；恰如置身于万山之中，全山处理细致，贴近自然，一石一缝，交代妥帖，可远观亦可近赏，有"别开生面、独步江南"之誉。

8. 耦园

耦园位于江苏省苏州市内小新桥巷，因有东、西二园，故名耦园。东园始建于清初，原名涉园，后扩建而成目前局面。住宅大门在南，经门厅、轿厅，至大厅前西墙小门，即可进入西园。园中主厅为织帘老屋，南北各有庭院，都置假山。北院东北隅有藏书楼，与住宅相通，是书室与庭院结合较好的范例。自住宅大厅往东，经小院二重和小客厅，即达东园。东园面积较西园约大一倍，西北置石假山，东南为水池。北端主厅城曲草堂为一重檐楼屋，下有主厅三间，上为重楼复道，与住宅毗连，为苏州园林的罕例。堂前的黄石假山堆叠手艺高超，分为东西两部：东部较大，有石级可登临池石壁，气势峭伟；西部较小，逐渐下降，两山间为"邃谷"。

【知识拓展】

（1）建筑装饰或室内空间所处的地域环境不同，每个地区都有其独特的建筑特征，从而形成了各个地方特有的建筑文化特色。无论是居住类空间还是公共建筑空间，都会受到当地建筑文化的影响。因此，在建筑装饰创意设计中应根据建筑空间所在的地域或建筑装饰设计风格的空间环境特征，在建筑文化中寻找建筑装饰创意设计的源泉。

（2）根据建筑空间的功能要求与环境特征，可以综合运用平面构成、色彩构成等设计原理，重组建筑文化元素，并注重空间装饰的整体统一与协调。由美籍华裔建筑大师贝聿铭先生设计的苏州博物馆新馆，正是充分考虑了现代建筑要与其所处的苏州古城环境和谐相处。因此，在苏州博物馆新馆建筑中，无论从地坪、墙面、窗洞、屋顶等建筑构件还是到材料、色彩、陈设等装饰元素，无不体现了江南园林建筑文化的发展脉络。

（3）要注重借鉴成功融入建筑文化的建筑空间装饰设计案例，学会用建筑文化来丰富建筑装饰创意设计，因为创意源于建筑文化。

【课外活动】

参观一座在建筑装饰上有特色的地方建筑，收集建筑装饰素材，根据现场收集的素材，编写调研报告并绘制相关测绘图（平面图、建筑装饰细部造型母题）。

学习情境2 民俗风情赏析（地域文化、艺术与创意）

【情境描述】

建筑是人类追求理想居住环境的体现。建筑生长在文化的土壤中，随时代、生活、人的变化而不断变化。中国建筑大师张钦楠说:"建筑必须反映生活,而生活离不开文化的根。"因此,建筑也表现出了民族性和地域性。中国地域广袤,各地建筑适应当地特有的环境与文化,建筑风格具有鲜明的地方特色。下面通过中国各类地方特色建筑的欣赏,来感受不同地域的民俗风情。

【任务实施】

(1) 选择一种典型的有民族或地方特色的建筑。如北京有四合院(模型),如图 3-7 所示;上海有石库门,如图 3-8 所示;皖南有徽派建筑,如图 3-9 所示;湘西有吊脚楼,如图 3-10 所示。

图 3-7 北京四合院(模型)

图 3-8 上海石库门

图 3-9 皖南徽派建筑

图 3-10 湘西吊脚楼

(2) 交流讨论其建筑空间的特征。如北京四合院和上海石库门属砖木结构建筑,四合院有宽绰疏朗、起居方便的中心院落,讲究绿化;石库门红砖的外墙细部采用西洋建筑的雕花,因其外门选用石料作门框,故称"石库门"。而徽派建筑则规模宏伟、结构合理、布局协调、风格清新典雅。湘西吊脚楼是中国南方少数民族又一种特有的建筑形式,建筑框架完全采用木材、榫卯接合方式建成,也称"干阑"式建筑。

(3) 了解该民族或有地方特色建筑的文化内涵。如北京四合院是中国传统居住建筑的典范,建筑空间格局既反映了东方哲学思想,又体现了人与自然的和谐。上海石库门体现了中西合璧的海派建筑文化特色。而徽州建筑则是古徽州人民在生产生活中创造的建筑精髓,继承了儒家的文化理论。湘西吊脚楼的建筑艺术体现了"地不平,我身平"的哲学思想。

(4) 从美术、平面构成、色彩构成、立体构成、建筑装饰设计等角度分析该建筑的艺术特色。北京四合院的雕饰图案以各种吉祥图案为主，如以蝙蝠、寿字组成的"福寿双全"，还有以插月季的花瓶寓意"四季平安"等，体现了对美好生活的向往。徽州建筑错落有致的马头墙造型极具装饰性和韵律美，其样式多样，线条有方直型和圆翘型，结构有重叠型和单一型，配有窑制的鳌鱼以图吉祥避邪，并有墨线和花纹以及人物画或山水画嵌贴其上，颇有艺术价值。

【学习支持】

1. 北京四合院的神秘面纱

北京四合院是老北京人世代居住的主要建筑，是中国传统居住建筑的典范。它有宽绰疏朗、起居方便的中心院落，这种相对封闭的居住方式不但有着高度的私密性，也强调了人与自然的和谐。北京四合院的建筑格局和空间构成也体现着以家长为中心的传统家庭秩序，既反映了东方文化的传统哲学，也充满着一种群体的和谐与平衡，如图3-11所示。

北京四合院属砖木结构建筑，房架子、檩、柱、梁（柁）、槛、椽，以及门窗、隔扇等均为木制，木制房架子周围则以砖砌墙。梁、柱、门窗及檐口、椽头都要涂装彩画，虽然没有宫廷苑囿那样金碧辉煌，但也是色彩缤纷。习惯用磨砖、碎砖垒墙，所谓"北京城有三宝，烂砖头垒墙墙不倒"。屋瓦大多用青板瓦，正反互扣，檐前装滴水，或者不铺瓦，全用青灰抹顶，称"灰棚"，如图3-12和图3-13所示。

图 3-11　北京四合院

图 3-12　砖木结构的北京四合院建筑

图 3-13　青灰抹顶的北京四合院建筑

四合院的大门一般占一间房的面积，通常是油黑大门，可加红油黑字的对联。进了大门还有垂花门、月亮门等。垂花门是四合院内最华丽的装饰门，称"垂花"是因门外檐用牌楼作法。作用是分隔里外院，门外是客厅、门房、车房、马号等"外宅"，门内是主要起居的卧室"内宅"。垂花门涂装得十分漂亮，檐口、椽头、椽子油成蓝绿色，望木油成红色，圆椽头油成蓝白黑相套如晕圈之宝珠图案，方椽头则是蓝底子金万字绞或菱花图案。前檐正面中心锦纹、花卉、博古等，两边倒垂的垂莲柱头根据所雕花纹更是涂装得五彩缤纷。如图3-14和图3-15所示。

北京四合院讲究绿化，院内种树种花。老北京人爱种的花有丁香、海棠、榆叶梅、山桃花等，树多是枣树、槐树。花草除栽种外，还可盆栽、水养。盆栽

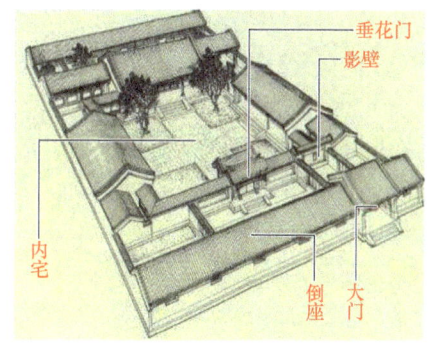

图3-14　北京四合院俯视图

花木最常见的是石榴树、夹竹桃、金桂、银桂、杜鹃、栀子等，种石榴取石榴"多子"之兆。至于阶前花圃中的草茉莉、凤仙花、牵牛花、扁豆花，更是四合院的家常美景，如图3-16所示。

a)

b)

图3-15　垂花门头

a)

b)

图3-16　北京四合院内景

2. 上海石库门的中西合璧

上海享有"万国建筑博览会"之美誉。外滩一幢幢哥特式、罗马式、文艺复兴式、巴洛克式等中西合璧、风格迥异的大厦展示了各国建筑艺术的风采。上海的近代住宅建筑也可谓

多姿多彩，石库门便是其中最具风情的一处。

石库门住宅脱胎于中国传统的四合院和欧陆联排式街区民居。19世纪后期，在上海开始出现用传统木结构加砖墙承重建造起来的住宅。由于这类民居的外门选用石料作门框，故称"石库门"。石库门的门楣做成拱券三角形或圆弧形门头，雕镂的纹饰也为西式图案，门柱多用欧式方、圆柱，大门采用两扇实心黑漆木门，以木轴开转，常配有门环，如图3-17所示。

石库门里面有着江南传统二层楼的三合院或四合院的形式，一般进门就是一小天井，天井后为客厅，之后又是一天井，天井后是灶台和后门，天井和客厅两侧是左右厢房，一楼灶台间上面为"亭子间"，再往上就是晒台。二楼有出挑的阳台，坡型屋顶常带有老虎窗，石库门总体布局采用了欧陆联排式风格，排与排之间形成的空间就是弄堂，弄口则有中国传统式牌楼或欧陆式拱门，如图3-18和图3-19所示。

图3-17　石库门欧陆式拱门

图3-18　石库门联排欧陆式拱门

石库门建筑红砖外墙独具特色，外墙细部采用西洋建筑的雕花，如图3-20所示的上海中共一大会址。这种中西建筑艺术相融合的石库门作为建筑和文化的产物，在中国近代建筑史上留下了深深的烙印。如今这些具有海派特色的石库门里弄被作为近代优秀建筑保护。

图3-19　石库门

图3-20　上海中共一大会址

3. 徽州建筑的马头翘角

徽州有"青砖小瓦马头墙，回廊挂落花格窗"诗般意境的美景，这句话说的是明清徽派的建筑风格，青色的砖、小片的黛瓦、马头墙、雕梁花窗、飞檐出甍、回廊挂落、雕刻精美、流檐翘角、宏伟壮观……让人感受到民居建筑艺术的精巧。在中国民居建筑上独树一帜，故列入世界文化遗产名录。徽派建筑规模宏伟、结构合理、布局协调、风格清新典雅。粉墙、青瓦、马头墙、砖木石雕，以及层楼叠院、高脊飞檐、曲径回廊、亭台楼榭等的和谐组合，构成了徽派建筑的基调，如图3-21所示。

图 3-21　徽州建筑的马头翘角

徽州建筑是古徽州人民在生产生活中创造的建筑精髓，继承了儒家的文化理论，形成了浓郁的地方特色，自成一派，保留了大量的传统建筑符号和手法。然而，更使人辗转流连、品味再三的是民居建筑中一排排高低起伏、宏伟壮观的马头翘角。

徽州山地多，平地少，民居建筑用地资源相对贫乏。在聚族而居的村落中，户连户，墙靠墙，民居建筑密度较大，并且徽派建筑采用了砖木结构，这种建筑体系最大的缺点是防火性能差。为了避免灾害，当地居民用砖砌成"火墙"阻止火势的蔓延。而徽州建筑工匠们在建造房屋时又对"火墙"进行了美化装饰，使其造型如高昂的马头，于是粉墙黛瓦的"马头墙"便成为了徽派建筑的重要特征之一。马头墙的造型极具装饰性，风格样式形形色色，线条有方直型和圆翘型，结构有重叠型和单一型。马头墙由雕砖嵌贴而成，配有窑制的鳌鱼以图吉祥和避邪，并有墨线和花纹以及人物画或山水画嵌贴其上，如图3-22所示。

图 3-22　徽州建筑的"马头墙"

如果从远处眺望徽州民居的一个村落，就好像在欣赏一幅水墨画，整个画面幽静、典雅，如图3-23所示。墙头上的马头造型犹如昂首振鬃的骏马，腾跃屋脊之上，仿佛带领着墙壁向前奔腾，给人视觉上产生一种"万马奔腾"的动感，这种动感，似乎也改变了村落原来的静态，使它也富于动态美了，从而使整个幽静的村落也显示出几分勃勃的生机和活力。同时，这种错落有致、黑白辉映的马头墙，也会使人得到一种素雅明朗和层次分明的韵律美享受。

4. 湘西吊脚楼的别具匠心

在我国西南地区的广西、贵州、湖南、四川等省份，湘西吊脚楼是少数民族的传统民居样式。尤其在黔东南，苗族、侗族的湘西吊脚楼极为常见。这里的自然条件为"天无三日晴，地无三里平"，于是山区先民创造出了独特的"湘西吊脚楼"。

湘西吊脚楼是中国南方少数民族一种特有的建筑形式，建筑框架完全采用木材、榫卯接合方式建成。

图 3-23　徽州民居村落

所谓"脚"者，其实是几根支撑楼房的粗大木桩。建在水边的湘西吊脚楼，伸出两只长长的前"脚"，深深地插在江水里，与搭在河岸上的另一边墙基共同支撑起一栋栋楼房；在山腰上，湘西吊脚楼的前两只"脚"则稳稳地顶在低处，与另一边的墙基共同把楼房支撑平衡，如图 3-24 所示。也有一些建在平地上的湘西吊脚楼，其是由几根长短一样的木桩把楼房从地面上支撑起来的。木楼的地板高于室外地面 60cm 左右，有时悬空达 1m。这样可以使木楼底部通风，从而保持室内地面干燥。

湘西吊脚楼分两层或多层形式，下层多畅空，里面多作牛、猪等牲畜棚及储存农具与杂物。楼上为客堂与卧室，四周伸出有挑廊，楼上前半部光线充足，主人可以在廊里做活儿和休息。这些挑廊的柱子有的不着地，以便人畜在下面通行，挑廊的重量完全靠挑出的木梁承受，如图 3-24 所示。湘西吊脚楼看起来美观，灵巧别致，凌空欲飞；住起来舒适，干爽透气，通风采光好。它的建筑艺术体现了"地不平，我身平"的哲学思想。

图 3-24　湘西吊脚楼

湘西吊脚楼也称"干阑"式建筑，三面有走廊，悬出木质栏杆。栏杆上雕有万字塔、喜子格、亚字格、四方格等象征吉祥如意的图案，如图 3-25 所示。悬柱有八棱形、四方形，底端常雕绣球、金爪等各种形体。湘西吊脚楼上下铺楼板，楼上开有窗户，通风向阳。窗棂刻有双凤朝阳，喜鹊噪梅，狮子滚球，以及牡丹、茶花、菊花等各种花草，古朴雅秀，既美观又实用，如图 3-26 所示。

图 3-25　"干阑"式建筑上吉祥如意的图案

图 3-26　湘西吊脚楼的窗棂

【知识拓展】

(1) 每个民族都有其独特的传统民俗文化，在建筑空间中也会折射出传统民俗文化的印迹。因此，在建筑装饰创意设计中应根据建筑空间所在的地域、传统民俗文化的特点，寻找创意设计灵感。

(2) 根据建筑空间的功能要求与环境特征，结合平面构成、色彩构成等设计原理，并注重空间装饰的整体统一与协调。

(3) 要注重借鉴成功的建筑装饰设计案例，学会在生活过程中发现传统民俗文化，并将其合理地运用到建筑装饰设计中。

【课外活动】

参观一座有民族或地方特色的建筑，了解该建筑空间的特征及文化内涵，并根据现场收集的素材，从美术、平面构成、色彩构成、立体构成、建筑设计等角度分析该建筑的艺术特色，编写调查报告。

学习情境 3　建筑与装饰材料调查（材料、技术与创意）

【情境描述】

以顾客或设计师的身份参观调查市区一家综合建材市场（建材超市），通过参观建材市场活动，将建筑装饰装修材料直观地展现在学生面前，以增加学生的感性认识，从而学习相关材料知识。

【任务实施】

(1) 根据给定的建材调查表，对居住建筑装饰装修材料进行调查。居住空间（建筑装饰材料）调查表见表 3-1。居住空间（家具、设备、陈设）调查表见表 3-2。

(2) 在规定的时间内，用了解、观察、记录及索取资料等方式进行调查。

(3) 汇总收集的各类建材资料，填写"居住空间（建筑装饰材料）调查表"和"居住空间（家具、设备、陈设）调查表"。

(4) 分组对收集的资料以多媒体方式进行交流,以增加感性认识,并获得体验。

表 3-1 居住空间(建筑装饰材料)调查表

类　　别	名称/品牌	规格/价格
石材(天然、人造)		
木饰面(板材名称)		
瓷砖马赛克		
地板(实木、复合)		
涂料、油漆		
墙布、墙纸		
铝合金扣板(顶棚)		
玻璃		

（续）

类　　别	名称/品牌	规格/价格
其他（灯具、五金等）		
调查时间	调查地点　　　　　　　调查者	

表 3-2　居住空间（家具、设备、陈设）调查表

区　　域	名称/品牌	规格/价格
门厅		
客厅（起居）		
厨房		
餐厅		
卧室		
书房		

(续)

区　　域		名称/品牌	规格/价格
卫浴			
阳台			
调查时间		调查地点　　　　　　　　调查者	

【学习支持】

一、建筑装饰材料概述

1. 概念

建筑装饰材料是指建筑主体结构工程完工后，进行室内外墙面、顶棚、地面的装饰和室内外空间布置所需要的材料，如图 3-27 所示新古典主义风格长岛别墅主卧室。

建筑装饰材料既起到装饰的目的，又可以满足一定的使用功能，也是建筑物的重要物质基础，反映时代的特征，如图 3-28 所示中国 2010 年上海世界博览会英国馆的种子圣殿。

图 3-27　新古典主义风格长岛别墅主卧室

图 3-28　中国 2010 年上海世界博览会英国馆的种子圣殿

2. 分类

（1）建筑装饰材料按化学性质不同可分为有机装饰材料（如木材、塑料、有机涂料等），无机装饰材料（如铝合金、铜合金、不锈钢等），非金属材料（如天然石材、石膏、玻璃、陶瓷、矿棉制品等），以及有机、无机复合装饰材料（如铝塑板、彩色涂层钢板等）。

（2）建筑装饰材料按材质不同可分为石材类、陶瓷类、皮革类、玻璃类、木质类、塑料类、有机和无机纤维类、涂料类、金属类、无机胶凝类等。

（3）建筑装饰材料按装饰部位不同可分为墙面装饰材料、地面装饰材料、吊顶装饰材料、门窗装饰材料、建筑五金、卫生洁具、管材型材、胶结材料等。

3. 功能

（1）装饰功能。通过建筑装饰材料的质感、线条和色彩等要素来表现建筑物。选用不同的材料或同一种材料用不同的施工方法，就可以使建筑物的内外产生不同的装饰效果。如用丙烯酸类涂料可以做成有光、平光或无光的饰面，也可以做成凹凸的、拉毛的或彩砂的饰面。

（2）保护功能。选用适当的装饰材料，不仅对建筑物有良好的装饰功能，而且能有效地提高建筑物的耐久性，降低维修费用。采用镶贴陶瓷面砖或涂刷涂料等方法能够保护基体免受或减轻雨水、日晒的破坏，从而延长建筑物的使用寿命。

（3）其他特殊功能。可以改善室内使用条件（如光线、温度、湿度）、吸声、隔声，以及防火、防霉菌等。如内墙面使用纸面石膏板，能调节室内空气的相对湿度，从而改善室内空间环境的舒适度。当室内湿度升高时，石膏板能吸收一定量的水蒸气，使室内不至于过于潮湿；室内空气干燥时，又能释放出一定量的水分补充室内湿度。

4. 选择原则

（1）符合使用功能。外墙应选用耐大气侵蚀、不易褪色、不易沾污、不泛霜的材料。地面应选用耐磨性、耐水性好，不易沾污的材料。用水空间应选用耐水性、抗渗性好，且不发霉、易于擦洗的材料。

（2）实现装饰效果。装饰材料的色彩、光泽、形体、质感和花纹图案等性能都会影响装饰效果，要合理选用色彩，给人以美感。

（3）保证安全性。要优先选用环保型材料和不燃（或难燃）等安全材料，尽量避免选用在使用过程中感觉不安全或易发生火灾等事故的材料。

（4）有利于人的身心健康。建筑装饰可以美化生活、愉悦身心、改善生活质量，在选用时应尽量选用天然的、色彩明快的、不易挥发有害气体的、保温隔热的、吸声隔声的材料。

（5）合理的耐久性。有的建筑装修使用年限较短，所以要求所用的装饰材料耐用年限不是很长。但有的建筑要求其耐用年限较长，如纪念性建筑物等。

（6）注重经济性。一般装饰工程的造价占建筑工程总造价的30%～50%，装修标准较高的可达60%以上。材料选择原则上应根据使用要求和装饰等级，在不影响装饰工程质量和效果的前提下，尽量选用质优价廉的材料；选用工效高、安装简便的材料，以降低工程费用。

（7）便利施工。在选用装饰材料时，尽量做到构造简单、施工方便，以缩短工期，降低成本。同时，应尽量避免选用有大量湿作业、工序复杂、加工困难的材料。

5. 发展趋势

（1）从天然材料向人造材料的方向发展。

（2）从单功能材料向多功能材料的方向发展。

（3）由现场制作向工业化的方向发展。

（4）从低级向高级的方向发展。

6. 基本性质

（1）物理性质。与质量有关的性质包括密度、密实度与孔隙率、材料的填充率与空隙率。与水有关的性质包括亲水性与憎水性、吸湿性、吸水性、耐水性、抗渗性、抗冻性。热工性质包括导热性、热容量。

(2) 力学性质。材料的力学性质指材料在外力（荷载）作用下抵抗破坏的能力和产生变形的有关性质。

二、建筑装饰石材

1. 天然大理石

天然大理石指可以磨平、抛光的各种碳酸盐类岩石以及某些含有少量碳酸盐的硅酸盐类岩石，包括变质岩类和沉积岩类的各种大理岩、大理化灰岩、火山凝灰岩、致密灰岩、石灰岩、砂岩、石英岩、蛇纹岩、石膏岩、白云岩等。用天然大理石装饰的大堂如图3-29所示。大理石源于云南大理县，大理因为盛产优质天然大理石而名扬天下。天然大理石的原石和板材，如图3-30所示。其品种繁多，常见的品种有雪花白、黑金花、山水纹大花白、龙舌兰、红玉石等，如图3-31所示。天然大理石也可制成花瓶，如图3-32所示。

图3-29 用天然大理石装饰的大堂

图3-30 天然大理石的原石

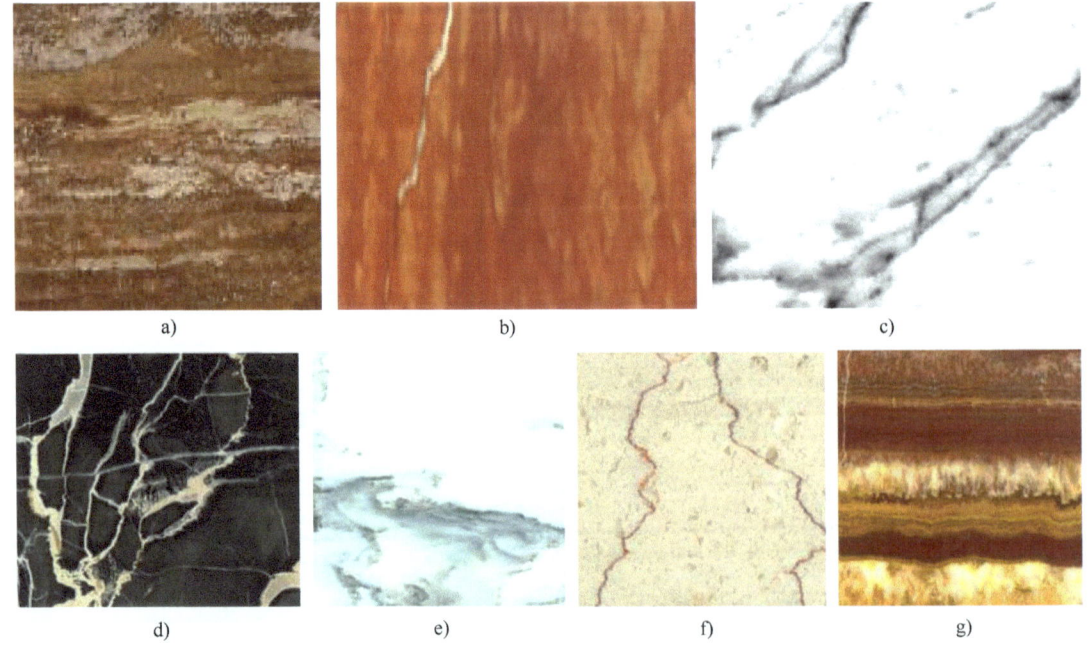

图3-31 天然大理石板材

天然大理石的主要化学成分是 $CaCO_3$，其主要特点如下：

(1) 结构致密，抗压强度高。

(2) 质地密实但硬度不大，较易进行锯切、雕琢和磨光等加工。

(3) 装饰效果好。含有多种矿物质，呈现多种色彩组成的花纹。开光性好，抛光后光洁细腻，如脂如玉，纹理自然，十分诱人。纯净的大理石为白色，称汉白玉，纯白和纯黑的大理石属名贵品种。

图 3-32　天然大理石花瓶

(4) 吸水率小，一般小于 1%。

(5) 耐磨性好，其磨损量小。

(6) 耐久性好，一般使用年限为 40～100 年。

(7) 抗风化性较差。易被酸侵蚀，除个别品种（如汉白玉、艾叶青）外，一般不宜用于室外装饰。

大理石板材的质量要求包括外观质量、平板允许公差、板材平度、板材角度、光泽度等。

2. 天然花岗石

天然花岗石指具有装饰功能，并可以磨平、抛光的各种岩浆类岩石，花岗岩就是其中的一种，如图 3-33 所示。

图 3-33　花岗石板材

天然花岗石为全晶质结构的酸性岩石，按结晶颗粒的大小，通常分为细粒、中粒和斑状等几种。其颜色取决于其所含长石、云母及暗色矿物的种类和数量，常呈灰色、黄色、蔷薇色和红色等,以深色花岗石比较名贵。优质花岗石晶粒细且均匀,构造紧密,石英含量多,云母含量少,不含黄铁矿等杂质,长石光泽明亮,没有风化现象。

天然花岗石的主要特点如下:

(1) 表观密度大。

(2) 结构致密、抗压强度高。

(3) 孔隙率小、吸水率极低。

(4) 材质坚硬,具有优异的耐磨性。

(5) 化学稳定性好,不易风化变质,耐酸性很强。

(6) 装饰效果好,表面平整光滑,色彩斑斓,质感坚实,华丽庄重。

(7) 耐久性好,细晶粒花岗石的使用年限为500～1000年,粗晶粒花岗石的使用年限为100～200年。

(8) 花岗石不抗火,高温下石英会发生晶态转变,体积膨胀,产生严重开裂破坏。

天然花岗石饰面板材根据其表面的加工要求可分为剁斧板、机刨板、粗磨板、蘑菇石板和磨光板等几种。石板规格可按图样要求加工。

3. 人造石材

(1) 人造石材的分类。

1) 水泥型人造大理石:物理和化学性能最好,花纹容易设计,有重现性,适于多种用途,但价格相对较高。

2) 树脂型人造大理石:价格最低廉,但耐腐蚀性能较差,容易出现微细裂纹,适合做板材,不适合做卫生洁具。

3) 复合型人造大理石:综合了前两者的优点,既有良好的理化性能,成本也较低。

4) 烧结犁人造大理石:用黏土做粘结剂,需经高温熔烧,因而能耗大,造价高,而且产品破损率高。

(2) 人造石材的性能特点。花纹图案可设计,胜过天然石材,表面光泽度高,且质量轻、强度高、耐腐蚀、耐污染、耐久性好,易加工、施工方便。因此,人造石材广泛应用于现代建筑装饰。

(3) 人造大理石制品主要有以下几种:

1) 玉石合成饰面板。其由名贵的天然玉石和不饱和聚酯树脂加工而成,色泽鲜艳、光泽度高、玉石感强、色彩丰富、豪华美观、典雅气派,同时该产品耐酸碱、强度大,如图3-34所示。它适用于室内墙面和地面的装饰,是高级建筑室内装饰的理想材料。

2) 工艺大理石。其具有与天然大理石相媲美的质地和光洁度,超出天然大理石的花色、花纹,耐风化、耐腐蚀;适用于高、中、低档宾馆及餐厅等建筑的装饰,还能制造出各种异形装饰件和高档茶几面、家具台面等。人造大理石洗脸台,如图3-35所示。

图3-34 玉石合成饰面板

3) 再造石装饰制品。其以水泥及砂石等无机材料为原料，制品内部加配钢筋，经特定工艺制成。其有天然石材的装饰效果，并可做镀铜效果；表面可做成浅浮雕花纹造型；使用无机材料，色彩耐久性良好；若采用轻骨料，重量可减轻 1/30；可根据设计要求，预留金属件或在表面留孔，便于施工连接。其主要品种有浅浮雕、透空、套色艺术磨石等。

4) 无机人造大理石（见图 3-36）。高强度彩色装饰板利用早强 42.5 等级水泥、河砂、颜料、水泥助剂等原料制成。其具有耐酸碱、强度高、光泽度好、耐磨性好、吸水率小、色泽鲜艳、纹理自然美观、不褪色等特点，适用于会议厅、商场、舞厅、宾馆等建筑的内外墙面、地面、台面、柱面、踢脚板等的装饰。

图 3-35　人造大理石洗脸台　　　图 3-36　无机人造大理石

5) 无机花岗岩大理石。其具有强度高、耐高温、耐低温、耐酸碱、耐老化、装饰效果好等特点，制作工艺与无机人造大理石高强度彩色装饰板基本相同。

6) 仿花岗岩大理石。其具有强度高、结晶度高、化学稳定性好、不变形、不龟裂、光泽度高等特点，花色品种多样，施工方便，可用水泥砂浆直接粘贴，可用于建筑内外墙面、地面、台面、柱面、踢脚板等的装饰，也可用于制作家具台面、牌匾及大型壁画，如图 3-37 所示。

7) 人造大理石壁画。它是绘画艺术和人造大理石制作工艺相结合的工艺美术品，具有制作工艺简单、室温成型、不需大型设备、成本低、价格便宜等优点，可镶贴于墙面、镜框中，是一种很有发展前景的装饰品。德国纽伦堡街头大理石壁画，如图 3-38 所示。

图 3-37　仿花岗岩大理石　　　图 3-38　德国纽伦堡街头大理石壁画

（4）彩色水磨石是用各种大理石石粒等骨料、普通水泥或白水泥、无机矿物颜料及其他辅助材料经过花色设计、配料制坯、养护、磨平抛光以及打蜡等工序制成的一种饰面材料。其特点有：原材料来源丰富、价格较低、做成的饰面表面平整光滑、装饰效果好、不起灰、容易清洁，可根据设计要求做成各种颜色和花纹图案。

彩色水磨石可用于室内外墙面、地面、楼梯、柱面、踢脚板、窗台板及各种台面等。现制水磨石分格尺寸一般根据设计要求而定，预制水磨石板材规格有305mm×305mm、400mm×400mm、500mm×500mm三种，厚度为25mm和35mm，也可根据设计要求加工。

三、玻璃装饰材料

玻璃是用石英砂、纯碱、长石和石灰石为原料，在1550~1600℃的高温下烧至熔融，再经急冷而得的一种无定型硅酸盐材料。常见的制造方法有引拉法、浮法、辊磨法、模注法等。其物理性质与力学性质是各向同性的匀质材料，是典型的脆性材料。玻璃的绝热、隔声效果较好，热稳定性差，耐酸性好，透光和透视，有艺术装饰作用。特种玻璃还有吸热、防辐射等特殊功能。

1. 分类

（1）按化学成分分类：钠玻璃（钠钙玻璃或普通玻璃）、钾玻璃（硬玻璃）、铝镁玻璃、铅玻璃（铅钾玻璃或重玻璃、晶质玻璃）、硼硅玻璃（耐热玻璃）和石英玻璃。

（2）按功能和用途分类：平板玻璃，安全玻璃，声、光、热控制玻璃和饰面玻璃。

2. 基本性质

（1）密度。密度为2450~2550kg/m³，且随温度升高而减小。

（2）力学性能。力学性能取决于化学组成、制品形状、表面性质和加工方法。其主要指标有抗拉强度和脆性指标。玻璃的理论抗拉强度极限为12000MPa，实际强度大致为30~60MPa，而抗压强度约为700~1000MPa。脆性是玻璃的主要缺点。

（3）热物理性质。一定量的玻璃的比热容与化学成分有关。

（4）光学性质。玻璃对光线的吸收能力随着化学组成和颜色而异。一般无色玻璃可透过各种颜色的光线，但吸收红外线和紫外线。各种颜色玻璃能透过同色光线而吸收其他颜色的光线。石英玻璃和硼、磷玻璃能透过紫外线。锑、钾玻璃能透过红外线。

（5）具有较高的化学稳定性（除遇到氢氟酸和磷酸外）。

3. 玻璃的表面处理

（1）玻璃的化学蚀刻。用氢氟酸溶掉玻璃表面的硅氧，根据残留盐类的溶解度的不同，而得到有光泽的表面或无光泽的表面。

（2）化学抛光。用氢氟酸破坏玻璃表面原有的硅氧膜，生成一层新的硅氧膜，使玻璃得到很高的光洁度与透明度。化学抛光有两种方法：一种是单纯利用化学侵蚀作用；另一种是用化学侵蚀和机械研磨相结合的方法。前者大都应用于玻璃器皿，后者大都应用于平板玻璃。

（3）表面金属涂层。广泛用于制造热反射玻璃、护目玻璃、涂层导电玻璃及玻璃器皿和装饰品等。

（4）表面着色。在高温下用着色离子的金属、熔盐、盐类的糊膏涂覆在表面上，使着色离子与玻璃中的离子进行交换,扩散到玻璃表面层中去,使玻璃表面着色。

4. 常用的玻璃装饰材料

(1) 平板玻璃,如图 3-39 所示。

常见的平板玻璃有以下几种:

1) 普通平板玻璃也称单光玻璃、净片玻璃,属于钠钙玻璃,是未经研磨加工的平板玻璃。其主要用于装配门窗,起着透光、透视、挡风和保温的作用。

2) 磨光玻璃又称镜面玻璃或白片玻璃,是普通平板玻璃经过抛光后的玻璃。磨光玻璃分为单面磨光和双面磨光两种。其表面平整光滑且有光泽,物像透过玻璃不变形,透光率大于 84%。常用于高级建筑物的门窗、橱窗或制作镜子。

3) 磨砂玻璃又称毛玻璃、暗玻璃。它是将平板玻璃的表面经机械喷砂或手工研磨或氢氟酸溶蚀等方法处理而成的。其表面粗糙,只有透光性而不能透视,常常用于需要隐秘和不受干扰的房间,如浴室、办公室等的门窗上尤为适宜,还可用做黑板。磨砂玻璃安装时,应毛面向室外。

4) 花纹玻璃,按加工方法的不同花纹玻璃又可分为压花玻璃和喷花玻璃两种。压花玻璃又称滚花玻璃,是在其硬化前经过刻有花纹的滚筒,在单面或双面压制各种花纹图案。花纹凹凸不平导致失去透光性,减低了透光度。压花玻璃使用时应将花纹向室内。喷花玻璃又称胶花玻璃,是在平板玻璃表面上贴以花纹图案,抹以保护层,经喷砂处理而成的。其适用于门窗装饰。花纹玻璃广泛应用于宾馆、公用建筑、办公室等现代建筑的装修工程中,如图 3-40 所示。

图 3-39 平板玻璃

图 3-40 花纹玻璃

5) 有色玻璃又称颜色玻璃或彩色玻璃,有透明和不透明两种。透明有色玻璃是在原料中加入一定的金属氧化物使玻璃带色,如图 3-41 所示。不透明有色玻璃也称饰面玻璃,是在一定形状的平板玻璃的一面喷以色釉,烘烤而成。其彩色饰面或涂层可以用有机高分子涂料制得。有色玻璃多为深色,常见的有蓝色、紫色、茶色、红色等,也有黄色、白色、绿色等。有色玻璃常常用于门窗及对光有特殊要求的采光部位。德国科隆大教堂由彩色玻璃构成的圣经故事大窗户,如图 3-42 所示。此外,其也作为高级建筑的幕墙材料,现已发展成引人注目的外墙装饰材料。

图 3-41　有色玻璃　　　　　　　图 3-42　德国科隆大教堂的彩色玻璃

(2) 安全玻璃。常见的安全玻璃有以下几种：

1) 钢化玻璃又称强化玻璃，是将平板玻璃经加热骤冷法或化学钢化法处理后，使强度、抗冲击性、耐急冷急热性能大幅度提高（最大安全工作温度为 87.8℃，能承受 204.44℃的温差）的玻璃。钢化玻璃常见的形式有平面钢化玻璃、弯钢化玻璃、全钢化玻璃、半钢化玻璃、区域钢化玻璃。钢化玻璃常见的品种有普通钢化玻璃、钢化吸热玻璃、磨光钢化玻璃等。

2) 夹丝玻璃也称防碎玻璃和钢丝玻璃。其是将普通平板玻璃加热到红热软化状态，再将预热处理的钢丝网或钢丝压入玻璃中间而制成的。其表面可以是压花的或磨光的，颜色可以是透明的或有色的。较普通玻璃增加了强度，在遭受冲击或温度剧变时，破而不缺，裂而不散，起到阻止火势蔓延的作用，故又称防火玻璃。其常用于天窗、顶棚、顶盖，及易受震动的门窗上。彩色夹丝玻璃可用于阳台、楼梯、电梯井。

3) 夹层玻璃。夹层玻璃是在两片或多片各类平板玻璃之间粘夹了柔软且强韧的中间透明膜，经加热、加压、粘接而成的平面或弯曲的复合玻璃制品。有较高的强度，受到破坏时产生辐射状或同心圆形裂纹，不易穿透碎片，不易脱落。其有平夹层（普通型）和弯夹层（异型）两类。其主要用做汽车和飞机的玻璃、防弹玻璃，以及有特殊安全要求的建筑物门窗、隔墙，工业厂房的天窗和某些水下工程等。

(3) 保温隔热玻璃，常作为幕墙玻璃。中国 2010 年上海世界博览会永久建筑之一——世博中心，被誉为绿色建筑的典范，如图 3-43 所示。德国汉堡幕墙建筑，如图 3-44 所示。

图 3-43　中国 2010 年上海世界博览会建筑——世博中心　　图 3-44　德国汉堡幕墙建筑

常见的保温隔热玻璃有以下 5 种：

1）吸热玻璃是在普通玻璃中加入一定量有吸热性能的着色剂，或在玻璃表面上喷涂吸热和着色的氧化物薄膜形成的。其是既能吸收太阳光中大量的辐射热、可见光能、紫外光能，又能保持良好透光率的平板玻璃。颜色有灰色、蓝色、茶色、古铜色、青铜色、棕色、金色、绿色等。常用颜色有蓝色、灰色、茶色和青铜色。常用于建筑工程的门窗或外墙，以及车、船玻璃等，起到采光、隔热、防眩的作用。

2）热反射玻璃又称镀膜玻璃，对太阳辐射具有较高的反射能力，遮光性能好，具有单向透视的特性，并保持良好的透光性。其常用做高层建筑的幕墙。

3）光致变色玻璃是一种随光线增强而改变颜色的玻璃。制造这种玻璃最好的基础玻璃是钠硼硅玻璃，在基料中加入感光卤化剂（氯化银等），也可直接在玻璃或有机夹层中加入钼或钨的感光化合物。

4）中空玻璃由两层或两层以上的平板玻璃构成，四周用高强气密性好的复合粘结剂将两片或多片玻璃与铝合金框或橡皮条（或玻璃条）粘接，密封玻璃之间留出的空间（间距一般为 10~30mm）充入干燥气体（一般为空气），以获得优良的绝热性能。同时，减少噪声，节能，可避免冬季窗户结露，保持室内一定的湿度。

① 无色透明的中空玻璃，一般可用于普通住宅、空调房间、空调列车、商用雪柜等。

② 有色中空玻璃用于有一定建筑艺术要求的建筑物，如影剧院、展览馆、银行等。

③ 特种中空玻璃则根据设计要求的环境条件而使用，如防阳光中空玻璃，热带地区的热反射玻璃，用于防盗橱窗的夹层中空玻璃、钢化中空玻璃、夹丝中空玻璃等。

5）泡沫玻璃一般是利用废玻璃、碎玻璃，经粗碎后在球磨机中细磨，然后加入 3%~5% 磨细的发泡剂混拌均匀，装入模型中烧结（700～900℃之间），经退火、冷却、加工而成的。其机械强度较高，不透水、不透水蒸气和气体，能防火，抗冻性强，可锯、钻、钉，经久耐用。它是一种良好的保温绝热材料，较好的吸声材料和轻质材料。可用其砌筑轻质隔墙和框架结构的填充墙；可做木墙、砌墙和混凝土墙，以及地板、楼板和屋面的保温材料；也可作影剧院、音乐厅和大礼堂墙面和顶棚的吸声材料，尤其宜作冷库绝热材料。

（4）空心玻璃砖是采用箱式模具压制而成的两块凹形玻璃，熔接或胶结成整体的具有一个或两个空腔的玻璃制品。其具有强度高、隔热、隔音、耐水及不透视等特点，主要用于砌筑透光的墙壁、建筑物非承重内外隔墙、沐浴隔断、门厅、通道等，如图 3-45 所示。其更适用于高级建筑、体育馆等需控制透光、眩光和太阳光的场合。

（5）镭射玻璃是国际上十分流行的新一代建筑装饰材料。其以普通的平板玻璃为基材，在玻璃表面采用高稳定性的结构材料，并经特殊工艺处理，从而构成全息光栅或其他图形的几何光栅。当光源照耀

a)   b)

图 3-45　空心玻璃砖隔断

时，随着光线的入射角度和人的视角的不同，使得被装饰物的图案和色彩呈现出五光十色的变幻，给人一种梦幻般的感受。其技术性能优良，寿命长。

以普通平板玻璃为基材时，主要用于墙面、窗户、顶棚等部位的装饰；而以钢化玻璃为基材时，主要用于地面装饰。

其可用于酒店、宾馆、文化娱乐设施及门面的装饰，也可用于民用住宅的顶棚、地面、墙面及阳台封闭等的装饰，还可制作家具、灯饰及其他装饰性的物品。

(6) 玻璃马赛克又称玻璃纸皮石或玻璃锦砖，是将用熔融法（即压延法）或烧结法生产的边长不超过45mm的各种颜色、形状的玻璃质小块预先铺贴在纸上而构成的装修材料。其常见规格为每粒尺寸 20mm×20mm×4mm，而每块纸皮石尺寸为 327mm×327mm，如图 3-46 所示。

图 3-46　玻璃马赛克

玻璃马赛克主要有以下特点：

1）色泽柔和，颜色绚丽典雅，颜色品种多，永不褪色，可增加视觉厚度，从而烘托出一种辉煌和豪华气氛。

2）表面光滑，不吸水，抗污性好。

3）质地坚硬，性能稳定，经久耐用，可保护墙体免受侵蚀，延长建筑物的寿命。

4）断面呈楔形，背面有锯齿状或阶梯状的沟纹，铺贴时吃灰深，粘贴牢。这对高层建筑的墙面装饰尤为重要。

5）价格便宜。

6）玻璃马赛克广泛用于建筑物外墙和内墙，也可用于壁画装饰。

【知识拓展】

(1) 建筑或室内空间的界面处理，根据不同的功能要求、装修标准、空间特点，会选择各种建筑装饰装修材料，而不同的材料又有各自的施工工艺和装饰效果，除了满足基本功能要求外，还应根据空间环境特征合理选材，并注重个性化创意设计。木饰面也是常用的装饰装修材料之一，如木装饰墙面、实木地板或实木复合地板等木材铺地、传统木装饰造型吊顶等，都能给人以亲切温暖的感觉。

(2) 根据空间的功能要求与环境特征，应当综合运用平面构成、色彩构成、立体构成等设计原理，但应突出某一造型的基本要素，并注重空间的整体统一与协调。如某商业专卖店，采用白色木板条吊顶棚、白色拉毛装饰抹灰墙，还配以白色玻化砖铺地，通过运用不同材料突出平面构成的肌理变化，但又以白色为主色调来统一协调空间。

(3) 要注重借鉴成功的建筑空间装饰设计案例，并善于发现和运用新材料，学会在学习中创新，因为创意本身就是创新。当代建筑装饰装修材料发展日新月异，如外遮阳金属百叶卷帘、会呼吸的硅藻泥墙饰、锁扣式实木复合地板等新型建材，注重倡导节能环保理念，更加注重关注生活空间的安全健康。因此，绿色建材是时代发展的必然趋势。

【课外活动】

（1）收集内容。20种常用的建筑装饰装修材料和20种新型高科技的绿色建筑装饰装修材料的图片及简单文字说明。

（2）收集方式。借助网络收集相关资料；通过专业图书、建材杂志或建材产品样本，查找相关图片并扫描、编辑成电子文档。

（3）提交方式。以电子文档方式递交。

项目四
界面处理方案创意设计

【项目概述】

在建筑装饰项目设计中，无论是建筑装饰还是室内空间设计，地面、侧面、顶棚是构成空间的三大基本要素。在建筑装饰或室内空间的功能、所处的环境以及相应的装修标准确定之后，建筑空间各界面的处理成为当今一名建筑装饰或室内设计师必须掌握的一项基本技能。

在本项目中，结合建筑装饰项目设计的基本内容与过程，通过三个学习情境来介绍基础美术原理在建筑装饰与室内设计项目中的应用。

学习情境1 地面铺装方案创意设计

【情境描述】

本学习情境通过各类建筑装饰及室内设计项目，学习地面铺装方案的创意设计。

【任务实施】

（1）根据建筑空间的功能与使用要求，确定地面装饰材料、质感肌理。在公共建筑中，如酒店、商务办公楼、商业中心的大堂等公共空间要求地面耐磨、易清洁，同时要有气派，光滑的天然或人造石材是较好的选择，如图4-1所示。

a)

b)

c)

图4-1 公共空间内光滑的天然或人造石材

项目四 界面处理方案创意设计

在宾馆、酒店、商务办公楼等室内空间的走道不仅要求地面耐磨、易清洁，而且要求降低因走动而产生的噪声，以减少对周边空间的干扰，所以应该选择柔软的地毯、塑胶等地面材料。同时，无论大堂还是走道，作为交通空间都应符合动态空间特征，在图案设计时要富有流动感，如图4-2和图4-3所示。

图4-2 公共空间内柔软的地毯材料

图4-3 公共空间内的塑胶地面

在展示空间中，动线设计尤为重要。中国2010年上海世界博览会丹麦馆的入口大厅以小美人鱼、波动的蓝色水面以及LED灯光带渐变的走道，来引导参观者，如图4-4所示。还有卢森堡馆，以圆形钢板地面、水面、鲜花与金色少女铜像共同构成了独特的内庭花园，无不是点、线、面形象构成美的体现，如图4-5和图4-6所示。这里着重强调的是，点的自由构成中很重要的是节奏感的处理。有秩序的构成，安静平和，而自由性强的构成则富于动感。通过调整点的大小改变视觉重心和注目焦点，通过增缩形态的间隔影响参观时的心情。卢森堡馆内庭花园的圆形钢板地面淋漓尽致地将点的美表达了出来。

图4-4 中国2010年上海世界博览会丹麦馆的入口大厅

图 4-5　中国 2010 年上海世界博览会
　　　　卢森堡馆内庭

图 4-6　中国 2010 年上海世界博览会
　　　　卢森堡馆外立面

城市未来馆的地面铺装设计更是运用线的方向性原理，通过地面上红、黄、绿 LED 光带引导参观者踏上历史上人们对未来城市的梦想、设计与实践，畅想未来城市的各种可能，阐述推动人类进步永恒不变的精神元素，如图 4-7 所示。

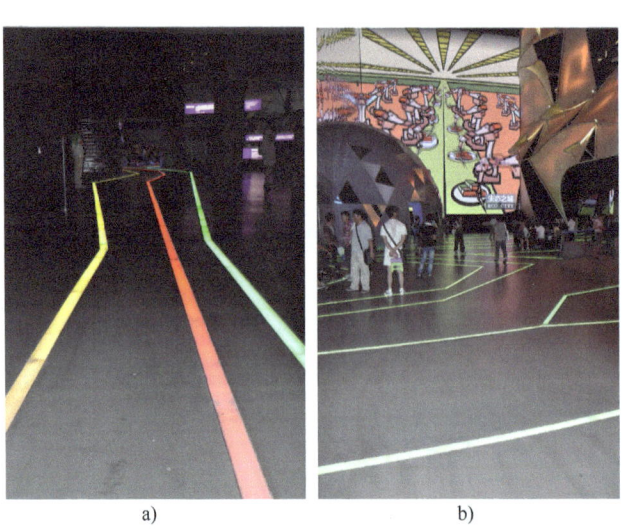

a)　　　　　　　　　　　　　　b)

图 4-7　城市未来馆的地面铺设

在建筑空间中，如室内游泳池、洗浴间、盥洗室等功能区域，不仅要求地面耐磨、易清洁，而且还要求防潮、防水及防滑，所以天然或人造石材、玻化砖、陶瓷锦砖（马赛克）等材料是较好的选择，如图 4-8 所示。同时，创意设计要结合功能要求充分再现图案、质感、肌理等方面构成艺术的美。

（2）根据建筑空间的地域环境特征及装饰设计风格，确定地面铺装的图案形式、色彩配置。苏州博物馆紧邻世界文化遗产网师园，无论是建筑空间还是建筑装饰设计都充分考

a)　　　　　　　　　　　　　　　　　　b)

图4-8　陶瓷锦砖（马赛克）铺设的室内游泳池

虑了苏州这一文化古城的地域环境特征，融入了江南园林建筑独有的建筑装饰设计风格。其明代家具展示馆的地面铺装，从材质、颜色、规格、铺贴方式等方面都借鉴了网师园看松读书轩等园林建筑空间的传统做法，从点、线、面体现了构成艺术的美学原理，如图4-9和图4-10所示。

图4-9　苏州博物馆内明代家具展示馆地面铺装　　　图4-10　网师园看松读书轩地面铺装

在现代主义风格建筑空间中，为了充分体现功能、技术、经济等建筑设计理念，在地面铺装图案形式、色彩配置等方面都运用了线造型的构成艺术的美学原理。

在平面设计中的线存在一定的宽窄度，可以具有粗细、长短、方向、肌理等形状特征，总体来说粗线较细线更为醒目，长线较短线更为突出，成角度的线较水平垂直更富于变化。直线给人的视觉效果偏重于静态，较为理性，它独具的明确方向性，使得直线有很好的表现力（男性性格，刚强、单纯、直接）。粗直线给人有力、粗壮、挺拔的感觉。细直线给人尖锐、潇洒的感觉。在设计中可根据主题需要，运用线的不同特征营造各种氛围，如图4-11所示。

中国 2010 年上海世界博览会非洲联合馆如图 4-12 所示，整体绿色环氧树脂地面营造了非洲大陆所特有的地域环境特征及装饰设计风格。芬兰馆入口大厅白色地面上两条"游动的鱼儿"，将游客带入了北欧风情的世界，鱼儿不规则并流线的外形在构成中恰巧起到了线具有方向性的作用，如图 4-13 所示。智利馆墙、地、顶各界面一体化的原木装饰仿佛让人置身于森林之中，回到了大自然的怀抱，以原木色、规则线条与方向变化的排列方式，生动地演绎了自然主义的装饰设计风格，如图 4-14 所示。

图 4-11　现代主义风格地面铺装

图 4-12　中国 2010 年上海世界博览会
非洲联合馆绿色环氧树脂地面

图 4-13　中国 2010 年上海世界博览会芬兰馆入口大厅

图 4-14　中国 2010 年上海世界博览会智利馆内景

中国 2010 年上海世界博览会 B 片区印度尼西亚馆前广场彩色水刷石地面，如图 4-15 所示。点是力的中心，当画面中有一个点时，人们的视线就会集中在这个点上，因此点在平面的空间中具有张力作用。它在人们的心理上有一种扩引感。在这里正是运用点的作用将广场的魅力无限扩大。墨西哥馆餐厅的地面设计通过基本图形的组合，体现了南美的热情奔放，如图 4-16 所示。

图 4-15　中国 2010 年上海世界博览会 B 片区印度尼西亚馆前广场　　图 4-16　中国 2010 年上海世界博览会墨西哥馆餐厅

（3）根据建筑空间装饰装修标准选择材料、品种、规格、等级。在地面铺装材料中，一般天然的石材、木材价格相对较高，而人造地毯、塑胶地板、地砖价格相对较低，显然不同的材料有价格差异，但相同类型的材料，由于其色彩、花纹、规格及等级的不同，其价格也各不相同。一般来说，人造材料中特别白或特别黑的、彩度高的、表面有特别肌理的价格相对较高，因此在地面铺装设计中合理选材显得尤为重要。同时，要充分运用平面构成等基本美学原理使地面铺装设计彰显特色与创意。新加坡某酒店中庭休息区，经济的人造砖与块毯的地面铺装，运用向上的斜线（具有飞跃、阳性感）及向下的斜线（沉滞的、阴性的）创造出流动的中庭空间，如图 4-17 所示。休息区运用稳定的基本图形与沉稳的色彩营造一片宁静与安详，整个大厅在一静一动中和谐共存。

上海同济联合广场某公司大堂运用线面结合原理铺装地面石材，营造简洁的现代主义设计风格，如图 4-18 所示。

图 4-17　新加坡某酒店中庭休息区　　图 4-18　上海同济联合广场某公司大堂

(4) 根据建筑空间的环境特点与装饰装修设计整体要求，运用物质技术手段与美学原理，绘制地面铺装平面布置图。浙江温州某多层住宅公寓地面布置图，如图 4-19 所示。广东清远丁香花园大酒店大堂地面布置图，如图 4-20 所示。上海花旗大厦大堂咖啡吧地面布置图，如图 4-21 所示。

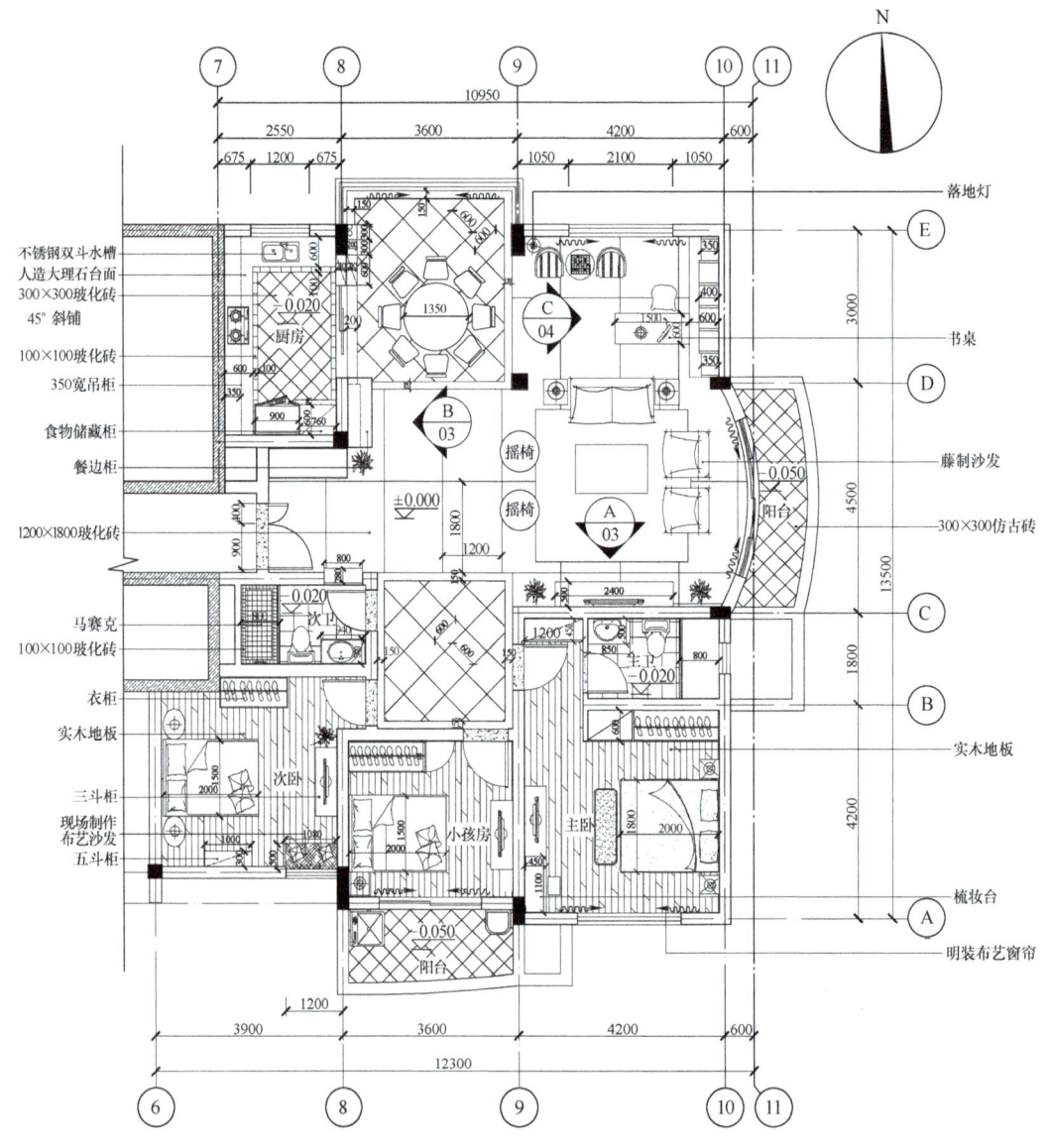

平面布置图 1:100

图 4-19　浙江温州某多层住宅公寓地面布置图

项目四 界面处理方案创意设计

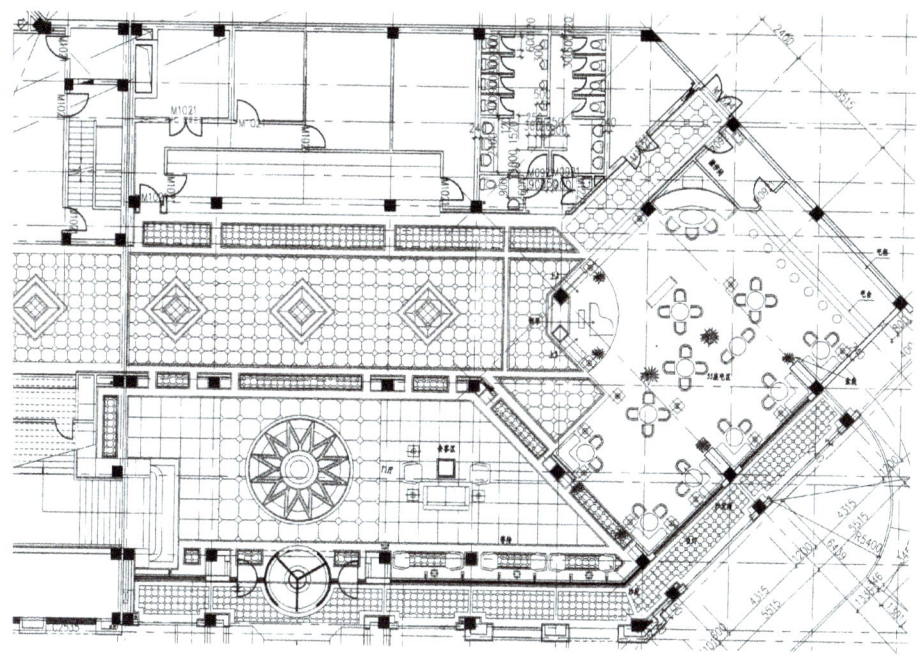

图 4-20　广东清远丁香花园大酒店大堂地面布置图

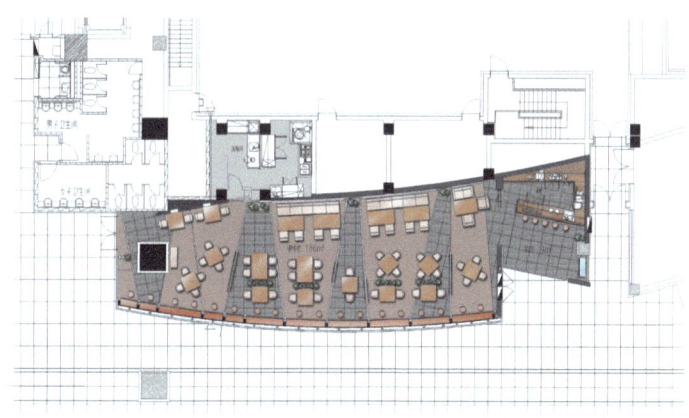

图 4-21　上海花旗大厦大堂咖啡吧地面布置图

【学习支持】

一、造型的基本要素

1. 点

（1）点的概念。"点"是形态构成中最基本的构成单位。在几何学里，点是理性概念形态，是无大小、无方向、静态的，只有位置。而在室内设计中，点是有大小、方向甚至有体积、色彩、肌理质感的，在视觉与装饰上产生亮点、焦点、中心的效果。在家具与建筑室内的整体环境中，凡相对于整体和背景比较少的形体都可称为点。例如，一组沙发与茶几的家具整体构成，一个造型独特的落地灯就成为这个局部环境中的装饰要点。

(2) 点的视觉作用。从点的作用来看，点是力的中心。当画面中有一个点时，人们的视线就会集中在这个点上，它具有紧张性，因此点在画面的空间中具有张力作用。它在人们的心理上，有一种扩张感。点在画面上是视线的集中点，是力的中心点的移动，人的视线也随之移动。强调空间，人的注意力始终在有点的空间。特殊形态的点也有特殊的美感，不同形态的点表达不同的情感。在一定平面内，大的点较小的点更易吸引人的注意力。视线移点，以点的大小为序，一定程度上可产生方向感和动感，大小相异的点偏重于大点，小点易被忽略。画面上有三点，则会有形的感觉。点越多越密集，其形的感觉越强，所以点能引导视线，能组织形的感觉。

(3) 点的性格。单独的点不具有性格（缺乏可比性），但点的组合则是比较活跃的。点能组织成线，能组织成形，而各种组织能传达一定的感觉，有节奏的间隔，流畅的曲线，交点，虚点，跳跃性的韵律，所以点的性格是靠它的组织来表达的。有秩序的构成，安静平和，而自由性强的构成则富于动感。点的自由构成中很重要的是节奏感的处理。在音乐中变节奏是指音调的高低，节拍的强弱长短；设计中安排节奏，是通过调整形态大小改变视觉重心和注目焦点，通过增缩形态的间隔影响观察时的心情紧张程度。

2. 线

(1) 线的概念。在几何学的定义里，线是点移动的轨迹，有长度、位置，没有宽度。在平面设计中线的感觉不至于过于理性，凡在设计中相对较为细且长的形均可理解为线，它可以有独立的长短、方向。在造型设计上，各类物体所包括的面及立体，都可用线表现出来。线条的运用在造型设计中处于主宰地位，线条是造型艺术设计的灵魂。线的曲直运动和空间构成能表现出所有的造型形态，并表达出情感与美感、气势与力度、个性与风格。

(2) 线的种类。线分为直线与曲线。直线分为垂直线、水平线和斜线。曲线分为几何曲线与自由曲线。几何曲线分为抛物线、双曲线、螺旋曲线和高次函数曲线。自由曲线分为C形、S形和涡形曲线。

(3) 线的形状。平面设计中的线存在一定的宽窄度，可以具有粗细、长短、方向、肌理等形状特征，在设计中可根据主题需要，营造不同感觉、不同形状的线形。若"线"较粗的话，其两端的形是不容忽视的。

(4) 线的方向。直线有垂直、水平、弯曲、回转、波浪式流向等方向性。

(5) 线的性格（表情性）。线的表现特征主要随线形的长度、粗细、状态和运动的位置而有所不同，从而在人们的视觉心理上产生了不同的感觉，并赋予其各种个性。

直线：一般有严格、单纯、富有逻辑性的阳刚有力之感觉。

垂直线：具有上升、严肃、高耸、端正及支持感。

水平线：具有左右扩展、开阔、平静、安定感。因此，可以说水平线为一切造型的基础线。

斜线：具有散射、突破、活动、变化及不安定感。

曲线：由于其长度、粗细、形态的不同而给人不同的感觉。通常曲线具有优雅、愉悦、柔和而富有变化的感觉，象征女性丰满、圆润的特点，也象征着自然界美丽的春风、流水、彩云。

几何曲线：给人以理智、明快之感。

抛物线：有流线形的速度之感。

双曲线：有对称美的、平衡的流动感。

螺旋曲线：有等差和等比两种，是最富于美感和趣味的曲线，并具有渐变的韵律感，是大自然中最美的天工造化之物。鹦鹉螺就是由渐变的螺旋曲线与涡形曲线结合构成的。

自由曲线：有奔放、自由、丰富、华丽之感。

3. 面

(1) 面的概念。在几何学中，面是指"线移动的轨迹"。垂直线平行移动成方形；直线回转移动成圆形；直线的波形移动，会呈现"旗帜飘扬"。

(2) 面的种类。

几何形：即是由规则的直线和几何形曲线构成的。

非几何形：即是由不规则的直线与曲线结合构成的（自由曲线）。

意外形：即由特殊技法意外偶然所得（撒开的纸片、干裂的大地）。

徒手形：即不用任何仪器辅助而徒手绘制的。

(3) 面的性格。

几何形：明确，有秩序，简洁，庄重，但要注意呆板。

自由形：活泼，大胆，但容易不端正，杂乱。

几何形与自由形相互结合，取长补短，往往能影响人的感觉和情绪。

人们习惯用"形象"一词称谓一切所见物的外形、特征等，或是设计中借以表达一定含义的视觉形象元素。这里的"形象"是一广泛的词语，用以指称一些包含着所有视觉元素的东西，如形状、大小、肌理、色彩等。所有的概念元素，如点、线、面，在见之于画面时，也都有各自的形象。在构成设计中对形象的研究是必不可少的。

二、形象的构成

1. 单形

单形不依赖骨格线的构成，而依据组织方法去作构成，构成后的图形应该具有统一、运动、调和、变化、平衡、安定等某些美的因素。

单形是依靠一个和一组基本形来组合的，它可以构成一个简练的商标，也可以构成一幅画面，所以独立的图形在其装饰、标志上都有广泛的应用。

2. 基本形

在画面中，用一个形和一组近似的形为构成画面的主要形，这就是画面中的基本形。组织在骨架内连续构成。

3. 形与形的关系

形与形的关系有并列、相遇、重叠、透叠、联合、减缺、差叠、重合，如图4-22所示。

4. 骨格

在设计构成某种图形时，首先要确定骨格。

骨格就是构成图形的骨架和格式。它就像人的身体一样用骨架支撑全身。

(1) 骨格的作用：将形象在空间或框架里作各种不同的编排来构成设计。骨格的阔窄变动，也就是骨格所组成的每个单位之间的变动。所以，骨格起管辖、编排形象的作用。骨格网决定了基本形在构图中彼此的关系。

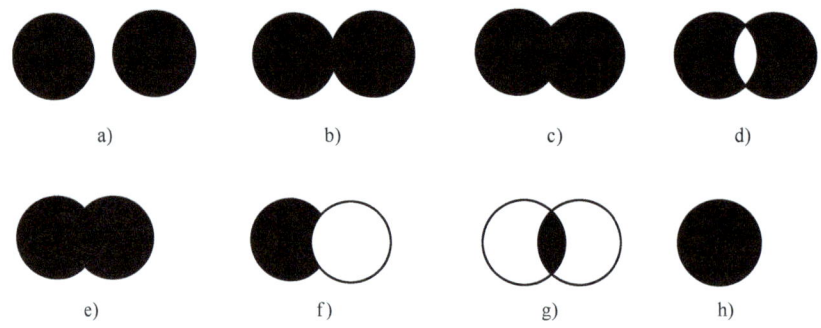

图4-22 形与形的关系

a) 并列 b) 相遇 c) 重叠 d) 透叠 e) 联合 f) 减缺 g) 差叠 h) 重合

(2) 骨格的分类。

规律性骨格：按照严谨的数学方式，有秩序地排列构成的，如重复、近似、渐变、发射。

非规律性骨格：比较自由的构成，它有很大的随意性，如密集、对比。

作用性骨格：将形象准确的空间排列在骨格线所组成的单位内。因此，每一单位的空间可以分离与其他空间或形象的关系。由于骨格线组成的单位是每个形象的空间，所以，所有形象在骨格内可以自由改变位置、方向。有作用性的骨格可将背景分割成不同的画幅。当形象大于骨格线时，要将逾线的形象沿骨格线切除。

非作用性骨格：给形象以准确位置，使形象编排在骨格线的交点（即轴心）。非作用性骨格不决定形象所占的空间，也不决定形象的方向。非作用性骨格对形象或背景均不产生影响。

【知识拓展】

(1) 建筑或室内空间的功能、所处的环境以及相应的装修标准各不相同，地面铺装设计也各有特点。居住类空间地面铺装以功能为主装饰为辅，并注重空间的整体与统一；公共建筑类空间，地面铺装除满足基本功能要求外，还应根据空间环境特征，注重个性化创意设计。

(2) 根据空间功能要求与环境特征，可综合运用平面构成、色彩构成等设计原理，但应突出某一造型的基本要素，并注重空间的整体统一与协调。室内地面的装饰常用图案装饰、肌理装饰的方法。在不同的历史时期，不同的地域、民族因受不同的社会、文化、宗教和生活方式等因素的影响，在建筑的装饰上会有着各自不同的装饰主题、内容和形式，这种装饰主题、内容和形式有时也可以简称为一种图案，这种图案往往也形成了一种独特的风格。图案有现代与传统之分，而传统图案又分为民族和民间之分。图案往往以造型和色彩来形成，但以不同的材质来表现图案的造型与色彩时，又形成了一种迥然不同的肌理装饰效果。在地面铺装时，同一种材料常常通过改变表面肌理质感或改变其铺设方向等方式来限定空间或满足某种功能要求，如地砖与墙平行或与墙呈45°斜向组合铺设、踏步口花岗岩烧毛处理等。

(3) 按楼地饰面的基本构造做法分为整体式、块材式、木地面、铺贴式等。整体式楼地面指用水泥砂浆、细石混凝土、现浇水磨石、涂布等整体浇筑或粉饰而成的楼地面；块材式楼地面指用地砖、陶瓷锦砖、水泥砂浆砖、艺术陶砖、大理石、花岗岩、青石板、活动夹层板地板等块材铺砌而成的楼地面;木质楼地面是指用实木地板、竹木地板、复合木地板架空铺钉或直接粘贴而成的楼地面;铺贴式地面为人造软质制品楼地面,是指用橡胶地毯、塑料地板、编织地毯作为覆盖材料的楼地面。

【课外活动】

根据室内设计师提供的平面布置图(见图4-23),按下述两种建筑装饰设计风格要求,为此居住空间进行地面铺装设计,并绘制地面布置图,比例为1∶50,材料品种、规格自定。

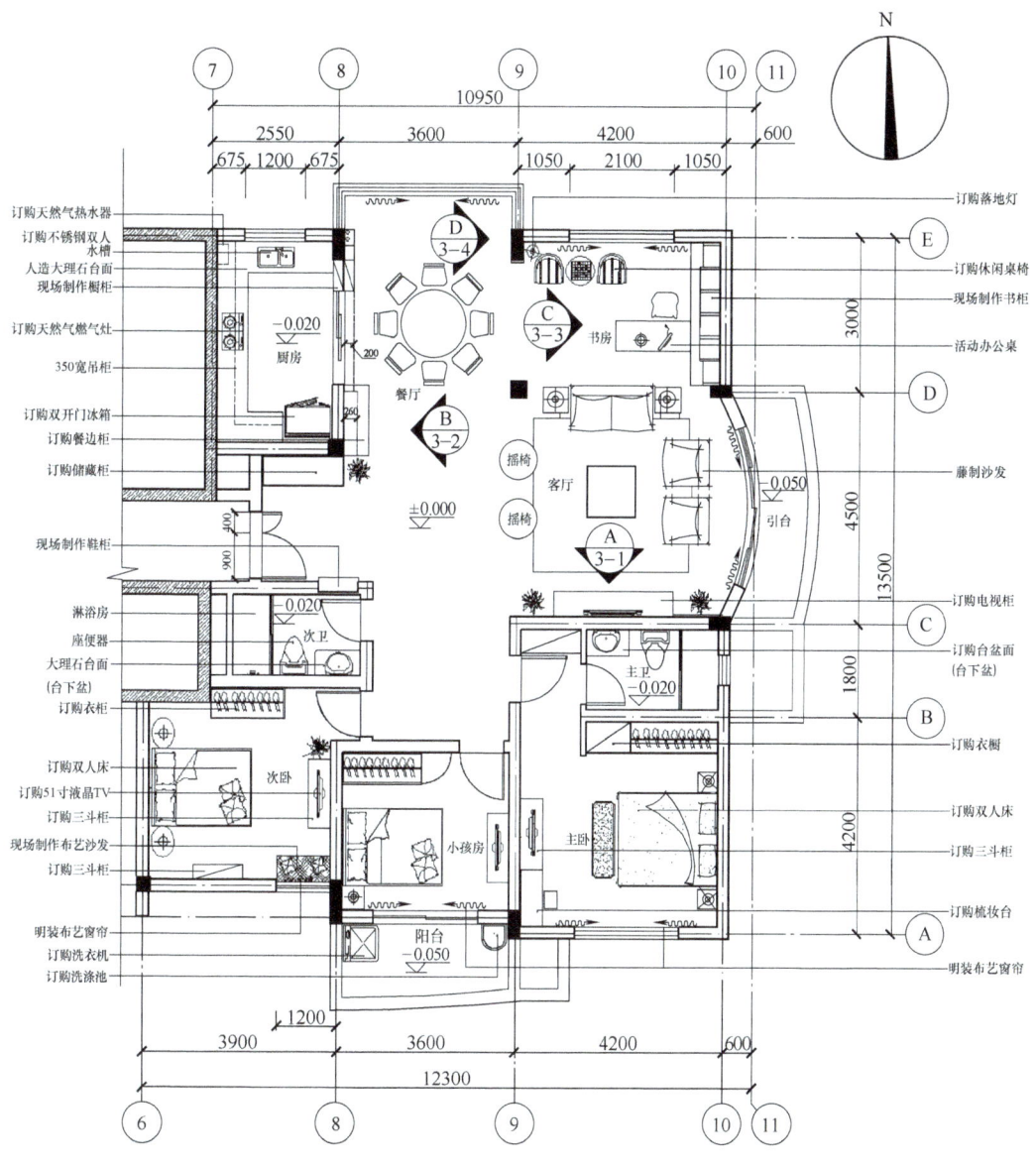

平面布置图1∶100

图4-23 平面布置图

风格提示:

(1) 中国传统风格。中国传统风格崇尚庄重和优雅,居住空间吸取中国传统木构架构筑室内藻井顶棚、屏风、隔扇、挂落、雀替的构成和装饰,采用明、清家具造型和款式特征等,多采用对称的空间构图方式,笔彩庄重而简练,空间气氛宁静雅致而简朴。

(2) 欧式古典风格。这是一种追求华丽、高雅的古典风格。居室色彩主调为白色。家具为古典弯腿式,家具、门、窗漆成白色。擅用各种花饰、丰富的木线变化,富丽的窗帘帷幄是西式传统室内装饰的固定模式,空间环境多表现出华美、富丽、浪漫的气氛。

学习情境 2　顶棚造型方案创意设计

【情境描述】

下面通过各类建筑装饰及室内设计项目,学习顶棚造型方案创意设计。

【任务实施】

(1) 根据建筑空间的功能与使用要求,确定顶棚造型、装饰材料、质感肌理及照明方式。在公共建筑中,为满足大跨度空间采光要求,常采用钢结构和玻璃顶棚形式。在法国卢浮宫扩建工程中,为了满足地下空间采光的要求,同时又要与古典建筑风格相协调,建筑大师贝聿铭采用了玻璃金字塔的造型,如图 4-24 所示。在建筑中,钢构架的结构形式常常体现建筑的结构美。新加坡南洋理工学院连廊钢结构和玻璃顶棚,如图 4-25 所示。

图 4-24　法国卢浮宫的玻璃金字塔　　图 4-25　新加坡南洋理工学院连廊钢结构和玻璃顶棚

在体育建筑中，为满足不同天气条件下比赛的要求，采用可开启闭合的活动顶棚形式。上海旗忠国际网球中心可开启顶棚，如图4-26所示。在观演类建筑空间中，则通过顶棚造型变化满足声学设计要求，以实现理想的音质效果，如图4-27所示。

图4-26　上海旗忠国际网球中心可开启顶棚

图4-27　观演类建筑空间中的顶棚造型

在展示类建筑空间中，则更注重顶棚设计。中国2010年上海世界博览会中国馆通过顶棚造型、装饰材料、质感肌理及照明方式来烘托主题，如图4-28所示。

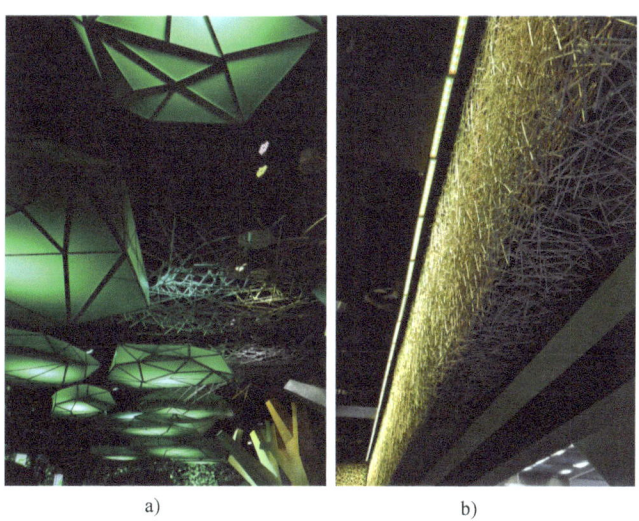

a)　　　　　　　　　　　　　b)

图4-28　中国2010年上海世界博览会中国馆顶棚

在公共建筑中，通过间接照明再现顶棚的结构美。中国 2008 年北京奥运会地铁专线奥体中心站的顶棚造型不仅遮挡了设备管线而且体现了运动的力量美，如图 4-29 所示。在有顶棚采光条件的室内空间常常将人工照明和自然采光相结合，不仅丰富了顶棚造型而且节约了能源，如图 4-30 所示的德国汉诺威大学建筑与设计系多媒体教室和图 4-31 所示的由建筑大师贝聿铭设计的中国苏州博物馆顶棚。

图 4-29 中国 2008 年北京奥运会地铁专线奥体中心站顶棚

图 4-30 德国汉诺威大学建筑与设计系多媒体教室顶棚

在一般建筑中，结构顶棚不仅简洁、体现了建筑结构美，更节约了建材资源，如图 4-32 所示的住宅木结构顶棚。

图 4-31 中国苏州博物馆顶棚

图 4-32 住宅木结构顶棚

（2）根据建筑空间的地域环境特征及装饰设计风格，确定顶棚造型的图案形式、色彩配置。建筑所处的地域环境、空间环境，以及建造年代和风格直接影响顶棚造型的图案形式和色彩配置，正如法国卢浮宫的顶棚造型要素及神话故事的彩绘作品体现了法国古典主义皇室建筑风格，如图 4-33 所示。

图 4-33　法国卢浮宫的顶棚

意大利古罗马万神庙穹顶造型体现了古罗马时期的建造技术和建筑风格，如图 4-34 所示。德国海德堡教堂的尖券和拱顶体现了中世纪哥特式建筑风格的特征，如图 4-35 所示。德国科隆大教堂的拱顶彩绘故事体现了宗教建筑的文化内涵，如图 4-36 和图 4-37 所示。德国慕尼黑 HB 啤酒屋顶棚植物造型图案形式、色彩配置以及古典灯饰则映射出慕尼黑啤酒文化的特色和悠久历史，如图 4-38 所示。

图 4-34　意大利古罗马万神庙穹顶　　　　图 4-35　德国海德堡教堂的尖券和拱顶

同样，中国的建筑也折射出了中华的传统文化特色。江苏苏州云岩寺塔是一座仿木的楼阁式砖石塔，回廊顶棚是用砖拱券，体现了当时楼阁式塔的建筑特征，如图 4-39 所示。北京天安门城楼井格式顶棚的龙凤彩绘图案也体现了明清宫廷的建筑文化特征，如图 4-40 所示。中国 2010 年上海世界博览会中国馆底层大厅红色发光中国结造型图案的顶棚体现了喜庆吉祥的中国文化氛围，如图 4-41 所示。

图 4-36　德国科隆大教堂拱顶（一）　　图 4-37　德国科隆大教堂拱顶（二）　　图 4-38　德国慕尼黑 HB 啤酒屋

图 4-39　江苏苏州云岩寺塔

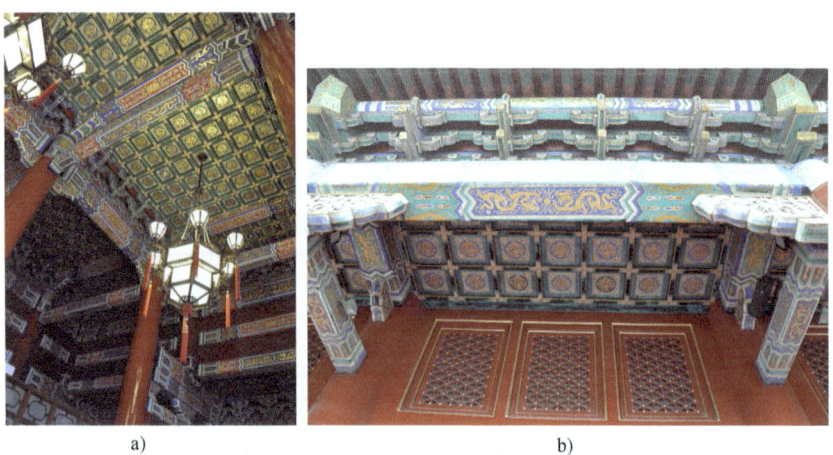

a)　　　　　　　　　　　　　　b)

图 4-40　北京天安门城楼井格式顶棚

•••• 项目四 界面处理方案创意设计

图 4-41 中国 2010 年上海世界博览会中国馆底层大厅

中国 2010 年上海世界博览会德国馆的顶棚设计不仅展示了主题，而且是精致德国的最好诠释，富有创意的设计得到参观者的赞赏，如图 4-42 所示。

a)　　　　　　　　　　　　　　　　　b)

图 4-42 中国 2010 年上海世界博览会德国馆顶棚

（3）根据建筑空间装饰标准，选择材料、品种、规格、等级。古今中外，建筑的建造标准不仅影响建筑结构与建造技术，而且也直接影响了建筑装饰的选材。中国浦东国际机场候机楼的蓝色金属弧形顶棚和白色钢结构展现了建筑技术与艺术的完美结合，也体现了现代化国际机场的建造标准，如图 4-43 所示。中国 2008 年北京奥运会主体建筑之一——水立方的外立面和顶棚大面积采用了四氟乙烯透明膜的新型材料，是当时世界建筑史上的一次创举，其自然的水泡造型图案同样也富有创意，体现了建筑主题与国际水准，如图 4-44 所示。

77

建筑装饰创意设计基础

图 4-43　中国浦东国际机场候机楼　　　　　图 4-44　北京奥运会建筑水立方

在国家级建筑中，常常选择具有民族特征的造型要素和特有材质展现本国的地域文化特色及展示主题，如图 4-45 所示的中国国家博物馆进厅的传统井格式顶棚。被联合国教科文组织列为世界工业文化遗产的德国埃森市矿业同盟工业文化遗产建筑的顶棚暴露了原有建筑钢屋架，通过 LED 线型灯具和大小各异的自然块面引导展示方向并体现了建筑的展示主题，如图 4-46 所示。

图 4-45　中国国家博物馆进厅　　　　　图 4-46　德国埃森市矿业同盟工业文化遗产建筑

中国 2010 年上海世界博览会智利馆用原木块构成了墙顶一体的圆柱形展区，加上紫色的灯光，仿佛步入了自然的时空隧道，如图 4-47 所示。中国 2010 年上海世界博览会瑞典馆将串串"雪花"造型挂满顶棚，如同飘起了漫天大雪，彰显北欧风情，如图 4-48 所示。中国 2010 年上海世界博览会意大利馆的顶棚设计颇具创意，让观众感受到艺术与时尚之都的魅力，如图 4-49 所示。

图 4-47　中国 2010 年上海世界博览会智利馆

图 4-48　中国 2010 年上海世界博览会瑞典馆　　图 4-49　中国 2010 年上海世界博览会意大利馆

（4）根据建筑空间的环境特点与装饰装修设计整体要求，运用物质技术手段与美学原理，绘制顶面布置图。浙江温州某多层住宅公寓顶面布置图，如图 4-50 所示。

【学习支持】

平面形态构成的规律如下：

1. 重复

相同的形象反复排列，就叫重复。在日常生活中，重复是具有强大的感染力的。在商场里，看到重复悬挂的旗帜会感到一种连续的、秩序的美感存在。重复构成能加强人们对

建筑装饰创意设计基础

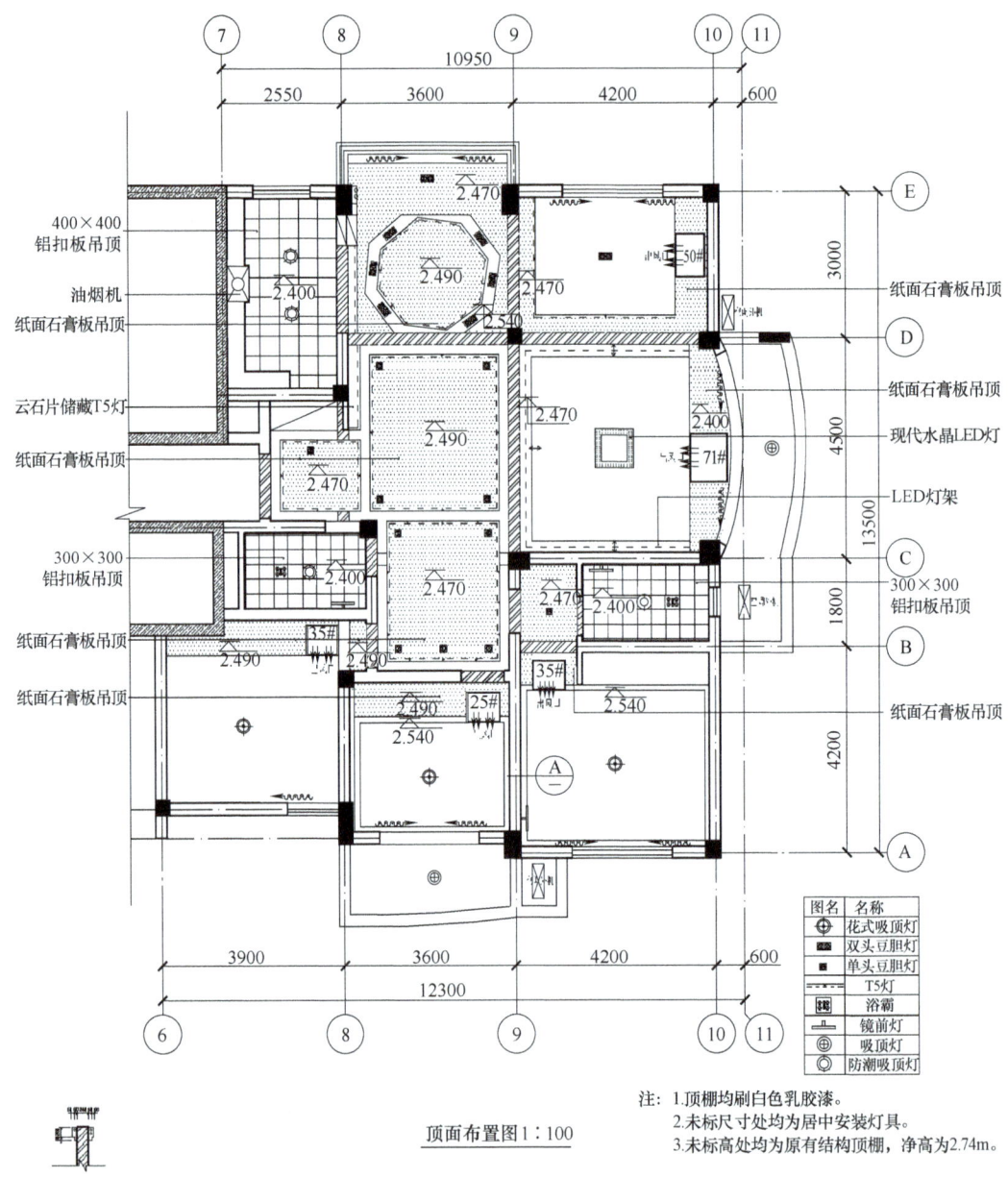

图 4-50　顶面布置图

某一形象的认识，也可以带来节奏感，在统一形体、构筑完整画面方面也有其独特的效果，但处理不好也会产生单调、贫乏的视觉印象。

（1）重复基本形。在设计中连续不断地使用同一元素，即可成为重复基本形。在一般情况下，重复基本形在形状、大小、色彩和肌理方面都应该相同。重复基本形可以使设计产生一种和谐的感觉，但手法不当会产生单调乏味的感觉。为避免单一可以在基本形的方向和空间上进行变化，有时也能在色彩上进行简单变化。如在室内设计时，一个装饰符号就可以当做一个基本形。将这个基本形作上下、左右进行相互连接，往往会打破原基本形的形象，产生若干个新的形象，这些形象就是重复构成的图形。在重复设计中尽量避免用圆作重复基本形，应该选择一些带有方向性的形状作重复基本形。基本形重复构成时，会有以下几种方向变化：重复方向、不定方向、交错方向、渐变方向和近似方向，如图 4-51 所示。

重复基本形又分为以下两种：

1) 单体重复基本形。一个形体反复排列。

2) 单元重复基本形。以两个或两个以上的形体为一组反复排列。

（2）重复骨格。重复骨格是最常见的一种规律性骨格。将骨格线在方向、宽窄、线质上加以变化，就可以得到不同的骨格排列形式，如图 4-52 所示。

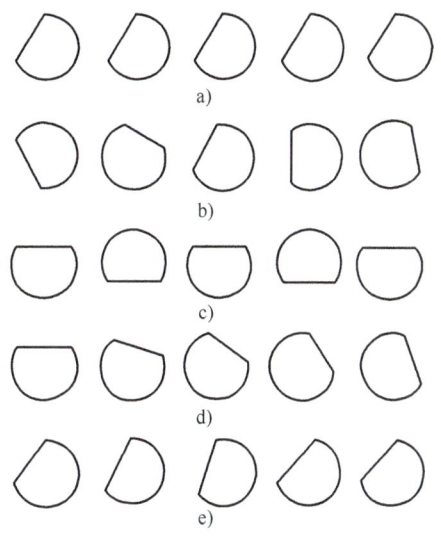

图 4-51　基本形重复构成

a) 重复方向　b) 不定方向　c) 交错方向
d) 渐变方向　e) 近似方向

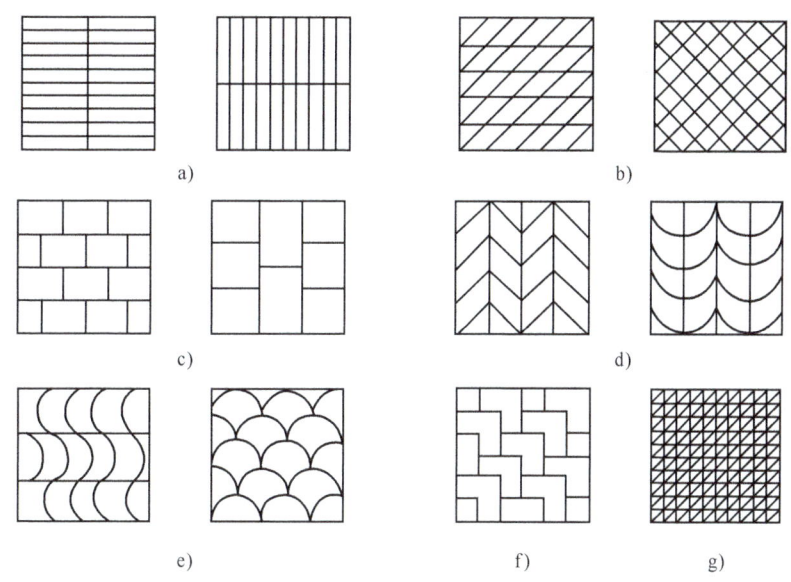

图 4-52　重复骨格

2. 近似（相对重复）

在自然界中，两个完全相同（主要指形貌）的东西是不存在的，如树叶，鹅卵石，花生等。虽然外貌特征一致，但仔细观察，它们之间只是近似。近似是非规律性的变动，是重复的轻度变异。近似关键在"度"的把握。近似程度大，就产生"重复"之感；反之，近似的程度太小就会破坏"统一感"。

（1）基本形的近似就是基本形有不同的变化而又各有相近似的地方（共性）。近似基本形的设计可以以一个"理想的"基本形为起点，从而在这个"理想"基本形限度中，求出各种近似的变化。对其稍作左、右、上、下的变动，或加或减，就可以得出几个相近似又不尽相同的近似基本形；也可以用两个形象的相加或相减，构成一定数的近似基本形。同样，在相加或相减中，两个形象的形状大小等都可以进行各种变动而得近似效果。此外，还可以作位置变动或方向变动得到不同组合。在作用性骨格里，近似的基本形因受骨格切线关系，常可与邻近的基本形或背景联合，使设计变得既丰富，又保持近似基本形的统一感。

(2) 骨格的近似。骨格可以不是重复而是近似，也就是说骨格单位的形状、大小可以有一定变化，如图 4-53 所示。

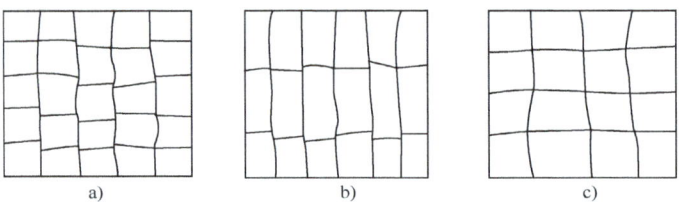

图 4-53　骨格的近似

3. 渐变

渐变是指骨格或基本形循序渐进地变化，呈现阶段性秩序的构成，反映的是运动变化的规律。月的盈亏，潮水的涨落，以及动植物的生长、发育都是循序渐进地变化的。因此，人们对渐变的形式感觉柔和而亲切。平面设计中应用渐变形式，就是在一定秩序中将基本形有规律地递渐，或是将形由此至彼慢慢转化。

(1) 基本形的渐变主要有以下几种：

1) 形状的渐变，如图 4-54 所示。

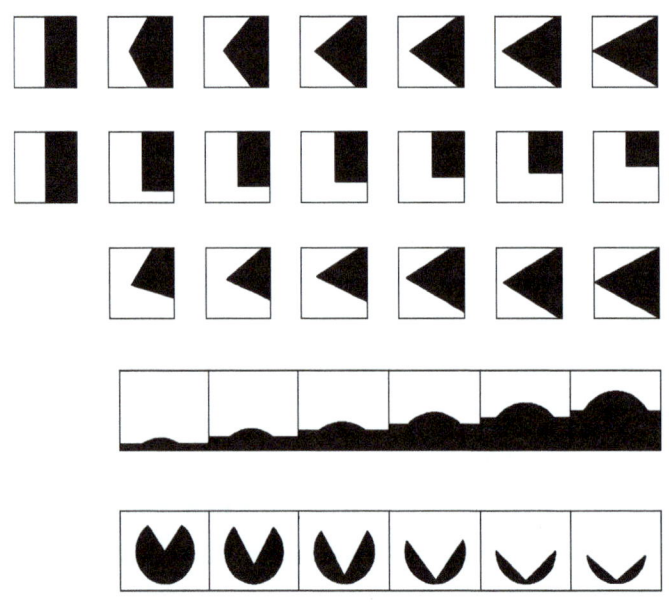

图 4-54　形状的渐变

2）大小的渐变，如图4-55所示。

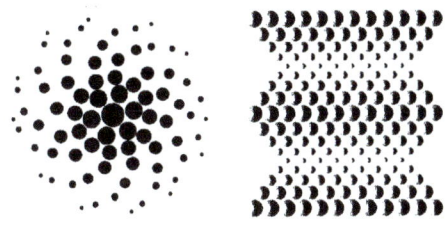

图4-55　大小的渐变

3）色彩的渐变，指色彩的明度、纯度、色相发生变化。
4）方向的渐变，如图4-56所示。

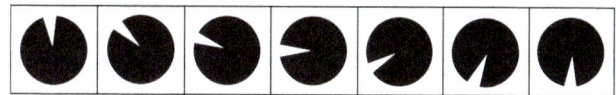

图4-56　方向的渐变

5）位置的渐变，如图4-57所示。

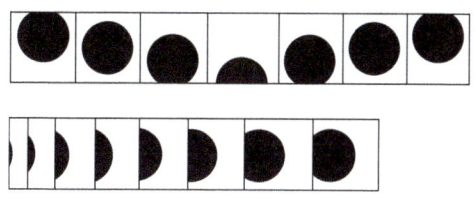

图4-57　位置的渐变

（2）渐变骨格即在绝对重复骨格的基础上通过调整作用线使之产生疏密变化的骨格。骨格的渐变主要有以下几种：

1）单元渐变骨格，如图4-58所示。

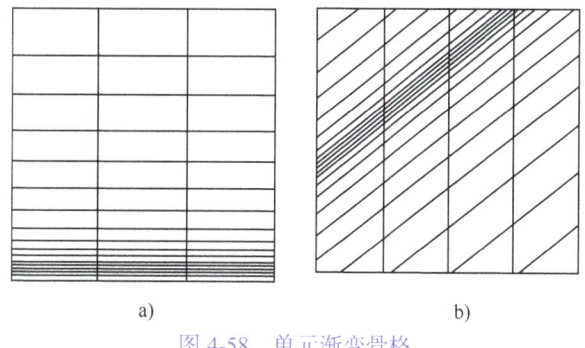

图4-58　单元渐变骨格

2）双元渐变骨格，如图4-59所示。

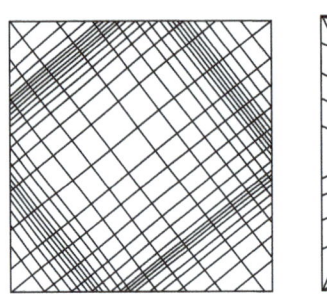
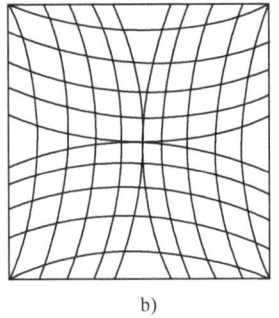

图 4-59　双元渐变骨格

3）阴阳渐变骨格，如图 4-60 所示。

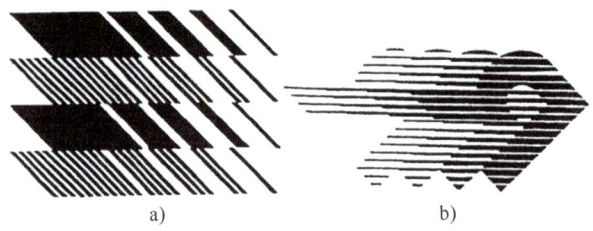

图 4-60　阴阳渐变骨格

4. 发射

发射是特殊的重复。发射具有渐变的特殊视觉效果，也是一种特殊的渐变。其构成骨格的特征是基本形围绕一个中心，有如发光的光源向外发射所呈现的视觉形象，有一定的注目性、节奏感和韵律感。

(1) 构成要素：发射点，发射线。

1）发射点，如图 4-61 所示。

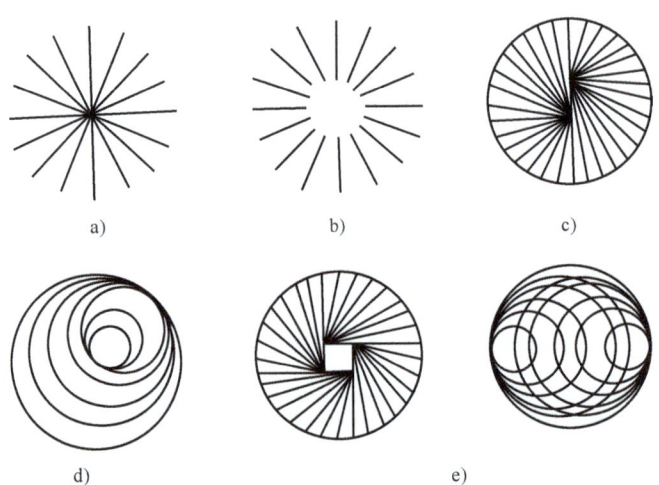

图 4-61　发射点
a) 明显　b) 隐晦　c) 变换　d) 迁移　e) 多元化

2)发射线具有方向性。直线发射强有力,曲线发射柔和旋转、变化多样。
(2)发射骨格的种类包括离心式发射、向心式发射和同心式发射。
1)离心式发射:发射点在中央部位,发射线向外发射的一种构成,如图 4-62 所示。

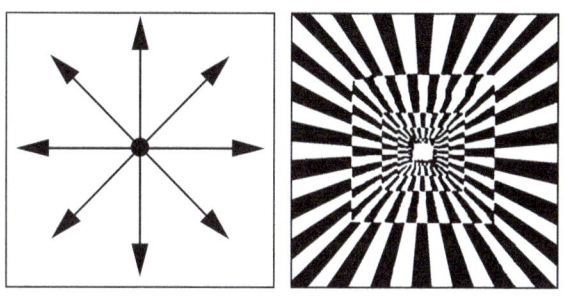

图 4-62 离心式发射

2)向心式发射:发射点在外部,由周围向中心发射的一种构成形式,如图 4-63 所示。

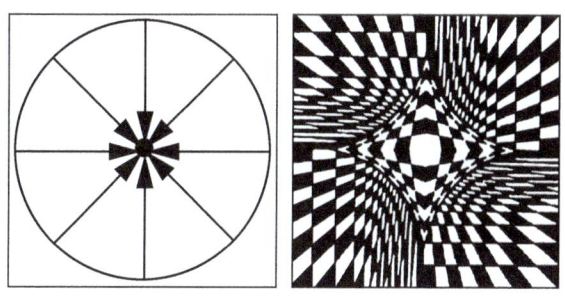

图 4-63 向心式发射

3)同心式发射:发射点从一点开始逐渐扩散形成的重复形,如图 4-64 所示。

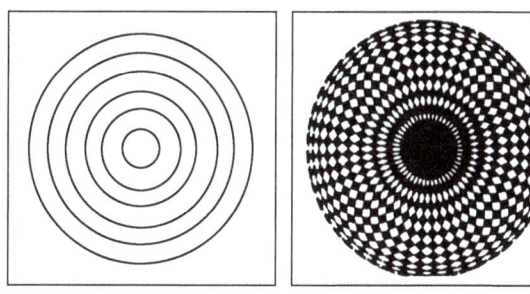

图 4-64 同心式发射

5. 特异

特异又称变异,是指构成元素在有序的关系里有意违反秩序,使少数个别的元素显得突出,以打破规律性。特异处在画面中占少数,产生画面焦点的作用,是在重复的基础上进行的。处理变异的关键在于把握整体的调和性质,统一中求变化,变化中保持共性。

在大自然里，绿叶丛中的花朵，夜空星群中的明月都因周围物形的衬托而显得格外突出。因此，特异有很好的突出主题的作用。在设计中，要突出重点、强化视觉形象、加深趣味性，采用变异是很好的方法。

（1）基本形的特异。基本形的特异是指在同一基本形的规律上出现一些细小的局部变化。在设计时变化基本形的数量不宜过多。基本形的特异会使画面避免出现单调感。特异的方法主要有以下几种。

1）形状的特异：在许多重复或近似的基本形中出现一小部分特异的形状，以形成差异对比，成为画面上的视觉焦点，如图4-65所示。

2）大小的特异：在相同的基本形构成中，只在大小上做些特异的对比。但应注意，基本形在大小上的特异要适中，不要对比太悬殊或太相近，如图4-66所示。

图4-65　形状的特异

图4-66　大小的特异

3）色彩的特异：在同类色彩构成中，加进某些对比成分，以打破单调。

4）方向的特异：大多数基本形是有秩序的排列，在方向上一致，少数基本形在方向上有所变化以形成特异效果，如图4-67所示。

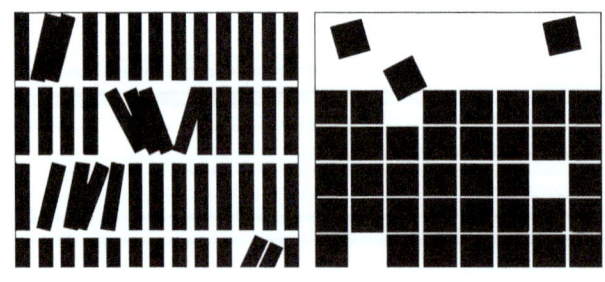

图4-67　方向的特异

5）肌理的特异：在相同的肌理质感中，制造不同的肌理变化，如图 4-68 所示。

（2）骨格的特异。在规律性的骨格中，部分骨格单位在形状、大小、位置、方向等方面产生了变动，这就是特异骨格。通过骨格特异构成的图形具有一定的动感与空间感。

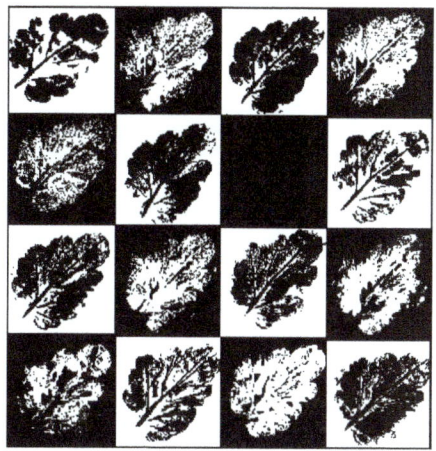

图 4-68　肌理的特异

6. 对比

对比是一种自由构成的形式，它不以骨格线为限制，而是依据形态本身的大小、疏密、虚实、显隐、形状、色彩和肌理等方面的对比而构成的。协调是求近似，对比则是求差异。自然界中的冷与暖、干与湿、白天与黑夜都是对立统一的。对比的前提是必须有一个对比的参照系。在生活中，我们说某个人的个子很高，那么他周围的人一定要比他矮，或者他与你想象中的正常身高相比要高一些。这就说明对比是要有一个参照物的，或者说，具体的群体、无参照系的单一个体是无法构成对比的。对比其实就是一种比较，可以是显著的、强烈的，也可以是模糊的、轻微的；可以是简单的，也可以是复杂的。

（1）对比基本形的协调。任何基本形只要处于相异的状况都可以发生对比，如长短、粗细、黑白、大小、规则与不规则等，即任何相反或者相异的形状都可以形成对比。对比因素协调的方法如下：

1）保留一个相近或相似的因素。

2）使对比双方的某些要素相互渗透。

3）利用过渡形，在对比双方中设立兼有双方特点的中间形态，使对比在视觉上得到过渡，也可以取得协调，如图 4-69 所示。

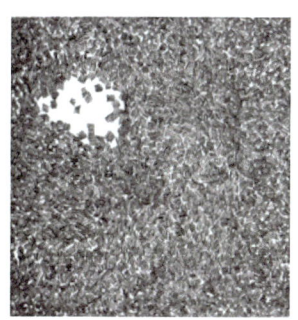

图 4-69　利用过渡形制作的对比图形

（2）对比的种类主要包括以下几种。

1）形状对比。形状对比有多种方式，如简单与复杂，方与圆，直线形与弧线形，几何形与不规则形等。

2）大小对比。大小对比是指构图排列上大小的关系。大小对比比较容易表现出画面的主次关系。

3）色彩对比。色彩对比指色彩的明与暗，冷与暖等。

4）肌理对比。肌理对比指基本形表面质感效果的对比，如平滑与粗糙，有纹理与无纹理。

5）方向对比。在基本形有方向的情况下，如大部分基本形的方向近似或相同，而少数基本形的方向不同或相异，就会形成方向上的对比。

6）位置对比。基本形在画面内排列时空间不要太对称，应该注意上下、左右空间的均衡，在不对称中求得平衡，从中可以得到多种疏密对比。

7）空间对比。虚拟空间与现实空间的对比就是地与图的空间对比。当图少地多的时候，地包围图，图就特别突出；而当图多地少的时候，图包围地，地就显得突出；当图、地面积相等的时候，虚形和实形同时突出，感觉上一会儿看到虚形，一会儿看到实形。因此，在设计时虚与实是同等重要的。

8）重心对比。重心对比主要指稳定与不稳定的对比。

9）聚散对比。在构成设计中，与空间对比密切相关的是聚散对比，也就是密集的元素与松散的空间所形成的对比关系。

10）曲直对比。曲直对比主要体现动感与不安定感。直线中垂直与水平线常给人以静止与稳定感，斜线则介于两者之间，所以运用曲线过多的构图中可适量加入垂直、水平、斜线使构图产生变化。

7. 密集

密集构成是指比较自由的构成形式，包括预置形密集与无定形密集两种。预置形密集是依靠在画面上预先安置的骨格线或中心点组织基本形的密集与扩散，即以数量相当多的基本形在某些地方密集起来，而从密集又逐渐散开来。无定形的密集不预置点与线，而是靠画面的均衡，即通过密集基本形与空间、虚实等产生的轻度对比来进行构成。基本形的密集需有一定的数量、方向的移动变化，常带有从集中到消失的渐移现象。此外，为了加强密集构成的视觉效果，也可以使基本形之间产生复叠、重叠和透叠等变化，以加强构成中基本形的空间感，如图 4-70 所示。

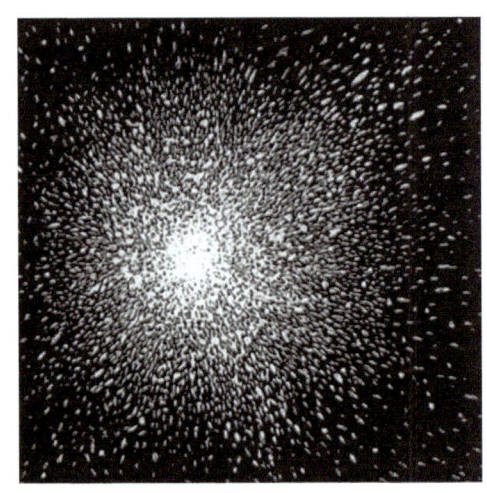

图 4-70　密集图形

8. 分割

所谓分割构成形式是指按一定比例和秩序进行切割或划分的构成形式。在平面构成中，分割构成是基本构成形式之一，在设计中运用较为普遍，如版面的分割、平面中的空间分割等。分割依据不同的划分方式又可分为等形分割、比例分割、数列分割和自由分割等类型。

（1）等形分割：要求形状完全一样的重复性分割，有整齐、统一的特点。

（2）比例分割：按一定的比例进行的分割（如著名的黄金分割律是按 1∶0.618 的比例进行分割的），有完整、严谨的特点，如图 4-71 所示。

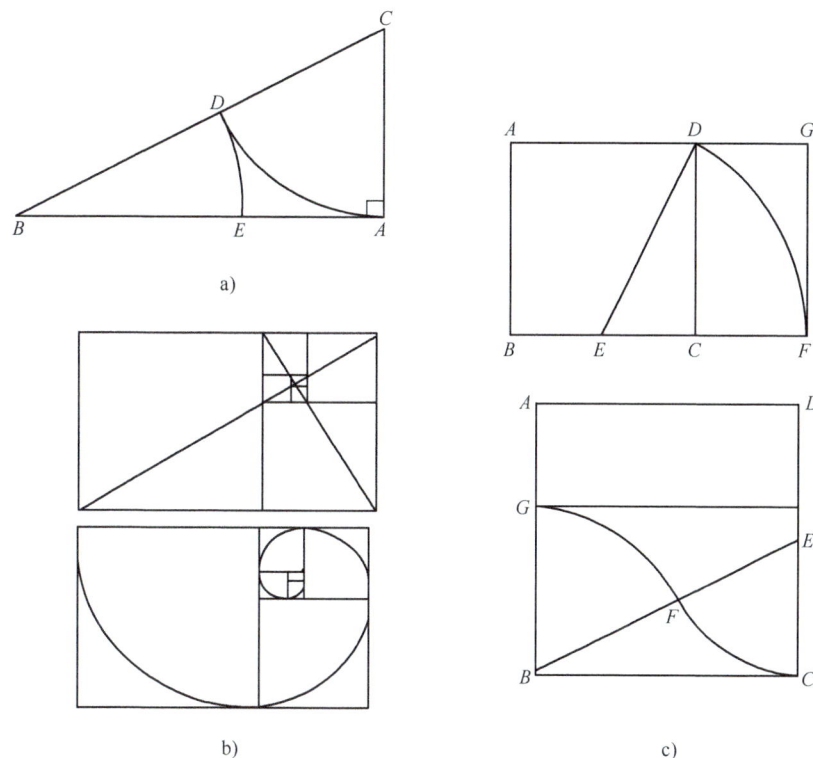

图 4-71 比例分割
a) 黄金比例分割　b) 黄金涡线　c) 黄金矩形

(3) 数列分割：按一定的数列进行的分割，有和比例分割类似的特点，其更具有秩序性。

(4) 自由分割：不受任何限制进行的分割，有活泼、自由的特点。

9. 肌理

在平面设计中，质感的表现被称为肌理。肌理通常指对物体表面纹理的感觉。在平面设计中，肌理指对不同物质表面用不同的表现手段造成的不同效果，它带有心理联想的性质。肌理产品在平面设计、产品设计、建筑设计中是不可缺少的因素。肌理应用恰当，可以使设计具有魅力。另外，肌理的构成形式可以与重复、渐变、发射、变异、对比等形式综合运用。肌理的来源有两类：自然肌理和创造肌理。自然肌理就是自然形成的现实纹理，如木、石等没有加工所形成的肌理。创造肌理是由人工造就的现实纹理，即原有材料的表面经过加工改造，与原来的触觉不一样的一种肌理形式。

肌理一般分为视觉肌理和触觉肌理。

(1) 视觉肌理。视觉肌理是对物体表面特征的认识，一般是用眼睛看，而不是用手触摸的肌理。形和色非常重要，是视觉肌理构成的重要因素。肌理的表现手法是多样的，如用铅笔、钢笔、毛笔等都能形成各自独特的肌理痕迹，也可以用画、喷、洒、浸、染、淋等手法制作；可以使用的材料也很多，如木头、石头、玻璃、油漆、纸张等。随着现代科技的发展，计算机、摄影与印刷技术的使用，更加扩大了肌理和材质的表现性，将有更多的肌理效果被运用于现代设计之中。肌理的制作手段很多，要不断地试验、不断地探索，才能创造出各式各样的形态。下面介绍几种肌理的表现方法。

1) 色料的特殊用法，如图 4-72 所示。

渲染法：把纸张打湿，再作画，通过水分的增减，使平日使用的色料产生新的形态。

吹彩法：用毛笔在纸上稍稍多放一些水性颜色，并在其未干之际把色吹开（也可用吸管从中心吹），吹出如丝线一般，并呈扇形飞开的图形。

滴流法：在纸面上，使颜色中的水分多些，根据需要让纸张稍稍倾斜，颜料便如河流般地流淌。

墨纹法：将墨或颜料滴在水面上，少进行搅动，在颜色还没有完全混合在一起时，用较能吸水的纸张铺在上面，将浮色粘在纸上晾干即可。这是一种多变的偶然形，有仿大理石的效果。

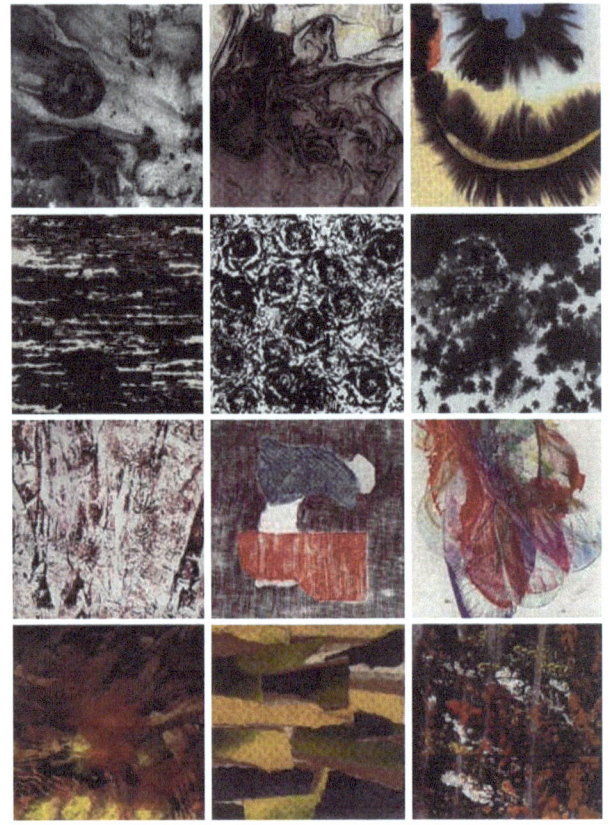

图 4-72　色料的特殊用法

晕彩法：把颜料喷刷在画面上（可用牙刷），在颜料要干不干之际，很快注入大量水分，于是呈粒子状的色料便溶解四散，制成意想不到的偶然图形。

抗水法：利用油水互相排斥的特性（油水不容），勉强把油性色料（油彩、蜡笔、粉彩）与水性色彩（水彩、广告色、彩色墨水等）放在一起，互相抗拒而成。

飞白法：用粗毛笔或毛笔刷气势生动地写出飞白，一般使用硬质毛笔刷为佳，色料水分稍少，运笔迅速或利用纸张本身的肌理。

2) 工具的特殊用法。

喷刷法：用牙刷、喷笔将颜料如雾状洒在画面上。

弹线法：把线浸入墨水中来弹直线的框，这种线不一定是连续性的，它由颜料变成微小的点附着于纸上。

敲印法：利用物质本身的形象敲印。

抖落法：用敲击法制作，若工具并未达到纸面，则被抖落的色料会四处分散，形成活泼的图形。

爆裂法：用肥皂泡吹在卡纸上，印成肚脐一般的点，再使皂泡爆破，造成破散色料的膨胀图形的群集。

3）印与压的方法。

擦印法：选择合适的印模（树表皮、鱼皮、树叶、织好的布料、草编物、米粒、小粒砂石、干草等），在上面放置纸张，再从上方加压印出图形。

压印法：利用某些自然形象，如在干树叶、树皮、草编物、泡沫塑料、米粒等上面滴洒颜色后，用纸铺在上面压印形成图形（揉皱的纸张）。

印模法：在玻璃上或光滑的纸上放置色料，然后加上强压，色料便会沿着强压的方向往四周挤出，形成奇妙的偶然形态。

对印法：将浓度较大的不同颜色涂在表面较光滑的纸板上，将其对折后进行压印。

盖印法：在物件上（如印章，具有纹理的各种物品）涂以颜料，盖印在纸上。

4）其他。

刮：使用锐利的刀子或其他钝器来破坏纸面，如在涂黑的白卡上刮出破坏的形，具有强烈的震撼的视觉效果。

烟熏：用蚊香点洞，留白，有黑圈。

（2）触觉肌理。用手抚摸有凹凸感的肌理为触觉肌理。光滑的肌理能给人以细腻、滑润的手感。例如，木质、岩石的肌理能给人以纯朴、无华的感觉，使人感觉恬静。

（3）特制的触觉肌理。特制的触觉肌理是将原有的细小物料，或用原有细小物料加工制作的细小物料重新合并而形成的一种触觉肌理。肌理单位可以来自自然（如沙、树叶、种子），或来自于人工的物料（如针、珠、细小的机器零件等），也可以来自特别设计的（如剪切、雕刻等方法得到的）特殊肌理单位。任何触觉肌理均可通过摄影的方式转化成平面的视觉肌理。由于触觉肌理表面凹凸不平，所以任何倾斜的光线均可增加肌理的凹凸感觉。触觉肌理一般都呈现本色，但若有必要也可涂单色，也可将色彩做成某种视觉图案涂于肌理之上。要注意的是，不要让色彩破坏了原来的触觉肌理效果。

10. 空间

空间是在平面中，由于构成要素的特殊性格和构成的特殊形式在视觉上产生立体感的现象。

矛盾空间是指在画面上按需要加减视平线或消失点的数量和变动位置（把不同空间的物体组织在一个画面上）。利用一个共同的面或线把两个空间里的形体连接起来。在看一幅图时，不可能快速仔细地理解整体，利用人的这个特性，可以制出虚实转换的幻像，组织出不可思议模棱两可的图形，如图4-73 所示。

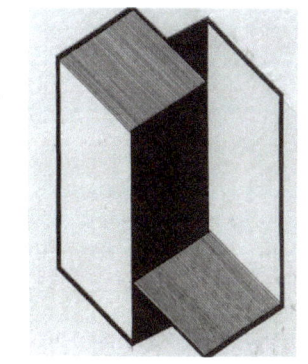

图 4-73　矛盾空间

【知识拓展】

（1）建筑或室内空间的功能、所处的环境以及相应的装修标准各不相同，顶棚设计也各有特点。居住类空间要满足人们团聚交流、烹饪用餐、沐浴梳妆、睡眠休息、学习休闲、储存与家务等个人或家庭生活的多功能需要，而且空间面积相对较小、层高较低，因此各空间顶棚构成以功能为主装饰为辅，并注重空间的整体与统一。公共建筑类空间，如办公、商业、娱乐、餐饮、展示等，其主要功能相对单一，空间特征明显，尤其公共空间较为宽敞，因此顶棚构成除满足基本功能要求外，还应根据空间环境特征，注重个性化创意设计。

（2）顶棚的功能设计包括限定设计、照明设计、声学处理、防火设计。其中照明设计也是顶棚设计的重要内容之一，因此根据空间功能要求与环境特征，照明设计首先要按国家标准确定各室内空间的照度，明确进行基本功能照明和装饰照明的思路，然后确定照明方式和照明种类、选择光源、灯具及布置方式，最后还要对照度、照度均匀度、亮度分布、眩光、阴影、显色性等照明质量指标进行检验。在我国《建筑照明设计标准》中，按照度分布分类有一般照明（也称整体照明）、分区一般照明、局部照明、混合照明 4 种照明方式。一般照明又可以分为直接照明、间接照明、半间接照明、半直接照明、均匀漫射照明等 5 种基本形式。

（3）顶棚按外观形式一般可分为：平滑式、井格式、分层式、浮云式、玻璃顶棚和结构顶棚。按顶棚饰面的基本构造分为直接式顶棚、悬吊式顶棚。因此，要注重借鉴成功的建筑空间装饰设计案例，学会在生活过程中学习并关注各种体验，才能发掘自我的创造能力，因为创意源于对生活的热爱。

【课外活动】

请根据室内设计师提供的平面布置图（见图 4-23），按下述两种建筑装饰设计风格要求为此居住空间进行顶棚造型与照明设计，并绘制顶面布置图，比例为 1∶50，材料品种、规格自定。

风格提示：

（1）中国传统风格。中国传统崇尚庄重和优雅，居住空间吸取中国传统木构架构筑室内藻井顶棚、屏风、隔扇、挂落、雀替的构成和装饰，明、清家具造型和款式特征等，多采用对称的空间构图方式，笔彩庄重而简练，空间气氛宁静、雅致而简朴。

（2）欧式古典风格。这是一种追求华丽、高雅的古典风格。居室色彩主调为白色。家具为古典弯腿式，家具、门、窗漆成白色。擅用各种花饰、丰富的木线变化，富丽的窗帘帷幄是西式传统室内装饰的固定模式，空间环境多表现出华美、富丽、浪漫的气氛。

学习情境 3　墙面装饰方案创意设计

【情境描述】

下面通过各类建筑装饰及室内设计项目，学习墙面装饰方案创意设计。

【任务实施】

（1）根据建筑空间的功能与使用要求，确定墙面造型、装饰材料、质感肌理。法国朗香教堂通过拉毛混凝土墙、大小及造型各异的窗洞营造现代宗教建筑的神秘气氛，如图 4-74 所示。交通建筑的墙面造型也要体现动态的空间特征，新加坡地铁车站用具有动势的抽象陶瓷壁画装点墙面，如图4-75所示。住宅建筑居室空间则常常通过木装饰让人感觉温馨，上海长岛别墅现代主义风格的主卧室木饰墙如图4-76所示。德国汉诺威大学建筑系楼梯间的混凝土墙与富有立体构成的图案相结合，具有韵律感，如图4-77所示。

a)　　　　　　　　　　　　　　　　　b)

图4-74　法国朗香教堂

图4-75　新加坡地铁车站墙面　　　　　图4-76　上海长岛别墅主卧室的木饰墙

在展览建筑空间中，更要通过各种方式充分发挥墙面的展示功能。在中国2010年上海世界博览会上，城市未来馆运用墙面线描画再现展示主题，如图4-78所示。中国2010年上海世界博览会上意大利馆则更有创意，将一支"乐队"请上了墙面，如图4-79所示。云南省丽江古城"假想摄影"社，用相框装点墙面既突出了经营主体又富有创意，如图4-80所示。

在建筑艺术空间中，应更注重运用材料的质感肌理满足空间的功能与使用要求。北京798创意园区偏锋新艺术空间运用锈蚀钢材与光滑玻璃的对比突出入口，如图4-81所示；第五元素画廊用白色砖墙与粉刷，体现朴实与高雅，如图4-82所示。

图4-77　德国汉诺威大学建筑系的楼梯间

图4-78　中国2010年上海世界博览会城市未来馆墙面

图4-79　中国2010年上海世界博览会意大利馆墙面

图4-80　云南省丽江古城"假想摄影"社墙面

　　(2) 根据建筑空间的地域环境特征及装饰设计风格,确定墙面装饰的图案形式、色彩配置。中国西藏民居棕红色墙面和特有的圆和梯台造型,具有浓厚的藏族特色,如图4-83所示。上海长岛别墅客厅墙面装饰元素则体现了欧洲新古典主义风格,如图4-84所示。

　　新加坡某小学教室外走廊墙面上表情多样的装饰画体现了东南亚学校的教育文化,如图4-85所示。德国科隆大教堂内,黑色的古典柱和山花,以及金色的耶稣和十字架,营造了欧洲宗教建筑的氛围,如图4-86所示。在中国2010年上海世界博览会上,非洲联合馆内巨幅

项目四 界面处理方案创意设计

图 4-81 北京 798 创意园区偏锋新艺术空间

图 4-82 北京 798 创意园区第五元素画廊

图 4-83 中国西藏民居

图 4-84 上海长岛别墅

图 4-85 新加坡某小学教室外走廊

图 4-86 德国科隆大教堂

的人像雕塑墙彰显了非洲大地的特色，如图 4-87 所示；挪威馆如松树般造型的原木外立面则体现了北欧建筑温馨怡人的田园风情，如图 4-88 所示。

图 4-87　中国 2010 年上海世界博览会非洲联合馆　　　图 4-88　中国 2010 年上海世界博览会挪威馆

（3）根据建筑空间装饰装修标准，选择材料、品种、规格、等级。木装饰、软包装物以及鎏金装饰的上海长岛别墅主卧室体现了雍容华贵的新古典主义风格，如图 4-89 所示。上海交通大学闵行校区信息楼大厅运用了白色乳胶漆、木装饰、烤漆玻璃和局部不锈钢的装饰，如图 4-90 所示。德国法兰克福 Holiday lnn 标房卫生间用简洁的白色瓷砖诠释了现代主义建筑注重功能、技术与经济的风格，如图 4-91 所示。

图 4-89　上海长岛别墅主卧室　　　　　　图 4-90　上海交通大学闵行校区信息楼

平凡的材料同样能装点空间。德国汉诺威大学师范培训部办公室门前的绿色乳胶漆墙面以及纯色的信息栏和白色的支架，虽然简洁，但用色彩点亮了整个空间，如图 4-92 所示。在中国 2010 年上海世界博览会上，巴西馆绿色的木条外墙如图 4-93 所示；德国馆的原木箱体展示墙如图 4-94 所示；运用废弃的易拉罐和五彩的计算机集成板装点展示空间墙面的万科馆，如图 4-95 所示。

（4）根据建筑空间的环境特点与装饰装修设计整体要求，运用物质技术手段与美学原理，绘制立面图。浙江温州某多层住宅公寓 A 立面布置图，如图 4-96 所示。

●●●● **项目四** 界面处理方案创意设计

图 4-91　德国法兰克福 Holiday Inn 标房卫生间

图 4-92　德国汉诺威大学师范培训部

图 4-93　中国 2010 年上海世界博览会
　　　　 巴西馆的木条外墙

图 4-94　德国馆的原木箱体展示墙

图 4-95　万科馆墙面

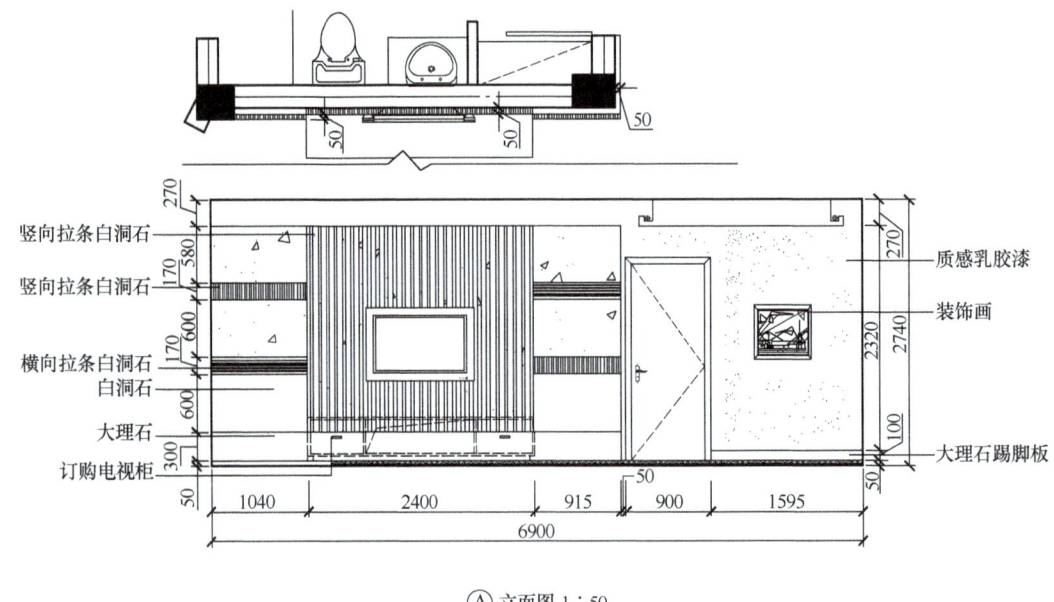

图 4-96　浙江温州某多层住宅公寓 A 立面布置图

【学习支持】

室内设计应注重以人为本,在满足人们物质功能需要的前提下,运用形式语言来表现空间主题、情感和意境等,以满足人们精神生活的需求,形式语言与形式美则可通过以下方式表现出来:

1. 对比

对比是艺术设计的基本定型技巧,把两种不同的事物、形体、色彩等作对照就称为对比,如方圆、新旧、大小、黑白、深浅、粗细等。把两个明显对立的元素放在同一空间中,经过设计,使其既对立又协调,既矛盾又统一,在强烈的反差中获得鲜明对比,求得互补和满足的效果。

2. 和谐

和谐包含协调之意。它是在满足功能要求的前提下,使各种室内物体的形、色、光、质等组合成为一个和谐统一的整体。和谐可以分为环境及造型的和谐、材料质感的和谐、色调的和谐、风格样式的和谐等。和谐能使人们在视觉上、心理上获得宁静、平和的满足。

3. 对称

对称是形式美的传统技法,是人类最早掌握的形式美法则。对称分为绝对对称和相对对称。上下、左右对称,同形、同色、同质对称为绝对对称;而在室内设计中采用的则是相对对称。对称给人感觉有秩序、庄重、整齐,即和谐之美。

4. 均衡

生活中,金鸡独立、演员走钢丝,从力的均衡上给人稳定的视觉艺术享受。均衡是指依中轴线、中心点不等形而等量的形体、构件、色彩的配置效果。均衡和对称形式相比较，有活泼、生动、和谐、优美之韵味。

5. 层次

一幅装饰构图，要分清层次，使画面具有深度、广度从而更加丰富。缺少层次，则感到平庸。室内设计同样要追求空间层次感。如色彩从冷到暖，明度从亮到暗，纹理从复杂到简单，造型从大到小、从方到圆，构图从聚到散，质地的单一到多样等，都可以看成富有层次的变化。层次变化可以取得极其丰富的视觉效果。

6. 呼应

在室内设计中，顶棚与地面，桌面与其他部位，采用呼应的手法，形体的处理会起到对应的作用。呼应属于均衡的形式美，是各种艺术常用的手法，呼应也有"相应对称"、"相对对称"之说，一般运用形象对应、虚实气势等手法求得呼应的艺术效果。

7. 延续

延续是指连续伸延。人们常用"形象"一词指一切物体的外表形状。如果将一个形象有规律地向上或向下，向左或向右连续下去就是延续。这种延续手法运用在空间之中，使空间获得扩张感或导向作用，甚至可以加深人们对环境中重点景物的印象。

8. 简洁

简洁或称简练，指室内环境中没有华丽的修饰和多余的附加物，以少而精的原则，把室内装饰减少到最低程度，以为"少就是多，简洁就是丰富"。简洁是室内设计中特别值得提倡的手法之一，也是近年来流行、发展的趋势。

9. 独特

独特也称特异。独特是突破原有规律，做到标新立异、引人注目。在大自然中，"万绿丛中一点红，荒漠中的绿地"，都是独特的体现。独特是在陪衬中产生出来的，是相互比较而存在的。在室内设计中特别推崇有突破的想象力，以创造个性和特色。

10. 色调

色彩是构成造型艺术设计的重要因素之一。不同的颜色能引起人视觉上不同的色彩感觉。例如，红、橙、黄温暖感很热烈，被称为暖色系，青、蓝、绿具有寒冷、沉静的感觉，称为冷色系。在室内设计中，可选用各类色调构成。色调有很多种，一般可归纳为同一色调、同类色调、邻近色调、对比色调等，在使用时可根据环境灵活运用。

【知识拓展】

（1）建筑或室内空间的功能、所处的环境以及相应的装修标准各不相同，墙面装饰设计也各有特点。居住类空间要满足人们团聚交流、烹饪用餐、沐浴梳妆、睡眠休息、学习休闲、储存与家务等个人或家庭生活的多功能需要，而且空间面积相对较小、层高较低，因此各空间墙面设计以功能为主装饰为辅，各空间有视觉中心，并要注重整体与统一。公共建筑类空间，如办公、商业、娱乐、餐饮、展示等，其主要功能相对单一，空间特征明显，尤其公共空间较为宽敞，因此墙面装饰除满足基本功能要求外，还应根据空间环境特征，注重个性化创意设计。

(2) 室内墙面功能设计通常包括保护墙体功能、满足功能要求、美化空间三方面。因此，根据空间功能要求与环境特征，室内墙面装饰不仅要考虑比例与尺度、节奏与韵律、纹样与线饰、光影与色彩等方面的因素，同时为了满足墙体基本功能要求，也要注重墙体的保护。为了保护墙面，其饰面的基本构造一般包括基层、中间层、面层。基层一般为结构层，是墙面进行装饰的基本依托部分，其应该是安全、坚固、可靠的，才能保证进行有效装饰。中间层一般为结合层，是对墙面进行装饰的一个连接部分，主要是为了解决装饰材料和建筑结构层这两个面之间的连接问题。面层一般为装饰层，是墙面满足不同功能和装饰要求的保证。面层必须能保护墙体结构，保证室内使用条件，同时起到装饰、美化建筑室内空间的作用。其对人的生理、心理影响更直接、更深入。根据饰面的施工工艺特点并结合材料可分为抹灰饰面、贴面饰面、涂刷饰面、裱糊饰面、条板饰面和结构饰面。

(3) 墙面设计风格也同室内设计的历史、风格流派密切相关，主要有古典装饰和现代风格两大类。古典装饰包括中国传统风格和西方传统风格，而现代风格指新艺术运动、现代主义和后现代主义风格。因此，要注重借鉴各种成功的建筑空间装饰设计案例，学会在生活过程中学习并关注各种空间设计风格流派，才能发掘自我的创造能力，因为创意源于对生活的热爱。

【课外活动】

请根据室内设计师提供的平面布置图（见图 4-23），按下述两种建筑装饰设计风格要求为此居住空间客厅进行墙面装饰图案设计，并绘制立面布置图，比例为 1∶30，材料品种、规格自定。

风格提示：

(1) 中国传统风格。中国传统崇尚庄重和优雅，居住空间吸取中国传统木构架构筑室内藻井顶棚、屏风、隔扇、挂落、雀替的构成和装饰，明、清家具造型和款式特征等，多采用对称的空间构图方式，笔彩庄重而简练，空间气氛宁静、雅致而简朴。

(2) 欧式古典风格。这是一种追求华丽、高雅的古典风格。居室色彩主调为白色。家具为古典弯腿式，家具、门、窗漆成白色。擅用各种花饰、丰富的木线变化，富丽的窗帘帷幔是西式传统室内装饰的固定模式，空间环境多表现出华美、富丽、浪漫的气氛。

项目五

陈 设 配 饰

【项目概述】

在建筑装饰项目设计中,一般将家具、陈设统称为内含物。陈设又包含装饰织物、艺术品、日用品、绿化等方面。

创意家居用品是指在满足产品本身的实用功能外,在外观的设计上融入时尚、个性化追求的家居用品。产品以独特的设计打动人心,融合了设计师的创新和灵感。符合人们对生活环境以及生活品质的高要求。创意时尚家居展现的魅力能舒缓生活中的部分压力,增添生活以及工作的乐趣。

在本项目中,结合建筑装饰项目设计过程中对内含物的配置要求,通过三个学习情境来介绍家具、绿化配置以及室内配色在建筑装饰与室内设计项目中的创意运用。

学习情境1 家具选购(功能与创意)

【情境描述】

随着以信息化、智能化和知识经济为特征的时代的到来,家具已经由单纯满足居家生活需要的功能性需求逐渐发展成为审美与人文紧密联系在一起的室内设计内容。家具的设计、选择和布置方式直接影响着室内空间的整体装饰风格与效果,是室内设计的重要组成部分。

【任务实施】

(1) 根据建筑装饰设计方案和室内空间功能及使用要求,合理配置家具类型与数量。

有创意的学校图书馆阅览室书刊柜,如图5-1所示。卧室内具有储存功能的梳妆柜及凳子,如图5-2所示。主管办公室组合办公家具配置,如图5-3所示。售楼处洽谈区的家具配置,如图5-4所示。手工绘图室的绘图桌椅符合人体工程学原理,如图5-5所示。

(2) 根据建筑空间的尺度、室内环境特征及装饰设计风格,选择家具尺度及相应的风格。

图 5-1 学校图书馆阅览室书刊柜

图 5-2 具有储存功能的梳妆柜及凳子

图 5-3 主管办公室组合办公家具

图 5-4 售楼处洽谈区的家具

图 5-5 手工绘图室的绘图桌椅

具有中国明清风格的中式餐厅家具,如图 5-6 所示。别墅中庭空间现代主义风格的客厅家具,如图 5-7 所示。

图 5-6　中国明清风格的中式餐厅家具　　图 5-7　别墅中庭空间现代主义风格的客厅家具

自然主义风格的庭院藤制家具，如图 5-8 所示。欧洲古典主义风格别墅主卧室的家具配置，如图 5-9 所示。现代写字楼景观会议室符合空间形态的个性化家具配置，如图 5-10 所示。

图 5-8　自然主义风格的庭院藤制家具　　图 5-9　欧洲古典主义风格别墅主卧室的家具

图 5-10　现代写字楼景观会议室家具

(3) 按照建筑装饰或室内设计的相应标准（造价），确定家具的种类、材质、类型，选择适合的品牌。

简洁经济的现代主义风格人造板式办公家具，如图 5-11 所示。华贵气派的后现代主义风格皮质客厅家具，如图 5-12 所示。

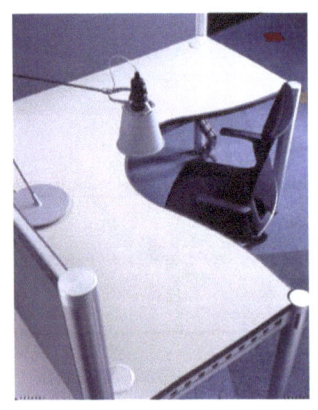

图 5-11　人造板式办公家具　　　　　　图 5-12　皮质客厅家具

古朴幽雅的明代官帽椅，可根据装修标准选用木种，如图 5-13 所示。

图 5-13　明代官帽椅

(4) 深化建筑装饰方案，绘制家具布置图、室内家具设计效果图。某别墅一层平面（家具）布置图，如图 5-14 所示。

新江湾文化中心咖啡厅家具设计效果图，如图 5-15 所示。

某住宅客厅家具布置效果图，如图 5-16 所示。

(5) 方案确定后，可编制家具选购清单，实施采购。居住空间（家具、设备、陈设）配置表，见表 5-1。

项目五 陈设配饰

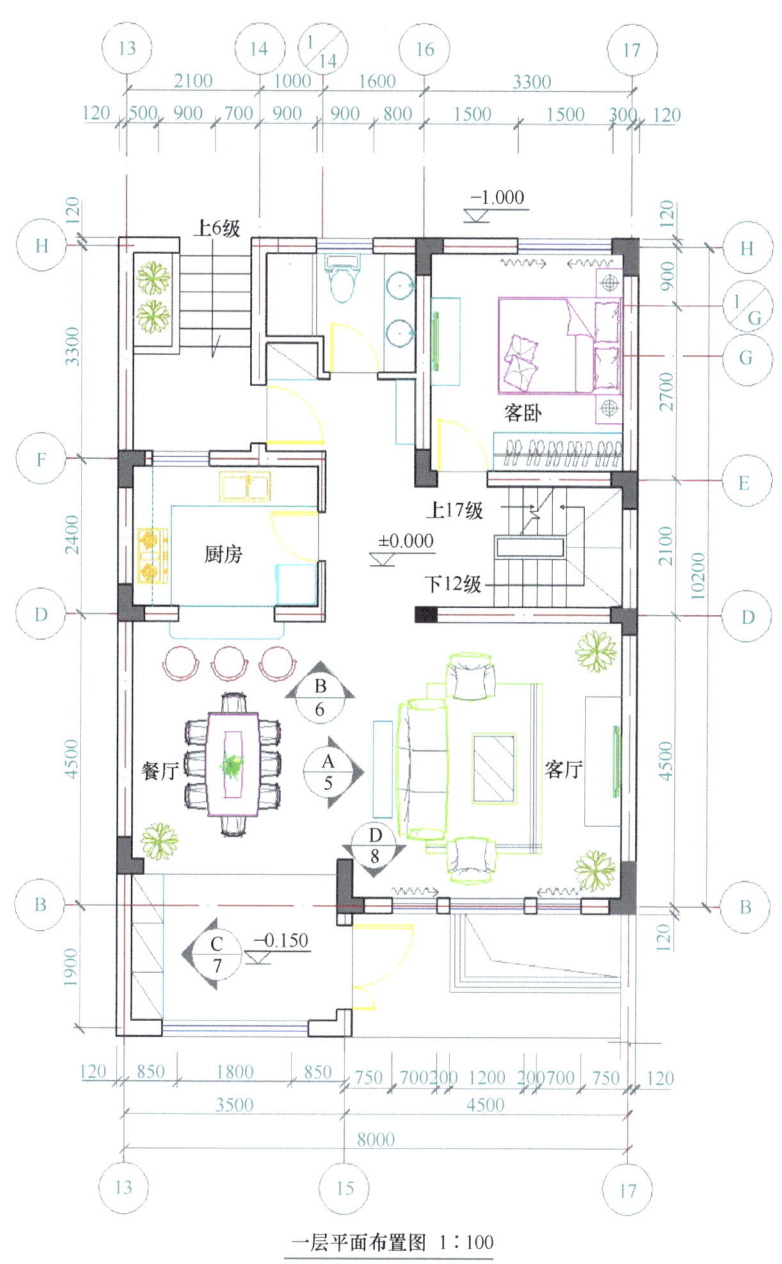

一层平面布置图 1:100

图 5-14 某别墅一层平面（家具）布置图

在学习过程中，可以 3~5 人为一组，分别担任业主、设计师、购买者（购买者也即设计助理）三类角色。业主给出两室两厅平面图，提出设计要求。设计师根据业主的要求，交流设计思路并按比例绘制平面布置图。购买者根据设计师的设计思路，向业主提供购买意向图。最后三方达成购买意向由购买者陪同业主购买家具或列出购买清单交由业主采购。

105

图 5-15　新江湾文化中心咖啡厅家具设计效果图

图 5-16　某住宅客厅家具布置效果图

表 5-1　居住空间（家具、设备、陈设）配置表

区　　域	名称、品牌	规格、价格
门厅		
客厅、起居室		
厨房		
餐厅		

(续)

区 域	名称、品牌	规格、价格
卧室		
书房		
卫生间		
阳台		
采购地点	采购时间	采购者

【学习支持】

一、家具的分类

（1）按风格将家具分为现代家具、欧式古典家具、美式家具、中式古典家具（也即红木家具）和新古典系列家具等。

（2）按所用材料将家具分为实木家具、板式家具、软体家具、藤编家具、竹编家具、钢木家具和其他人造材料制成的家具（如玻璃家具、大理石家具等）。

（3）按功能将家具分为客厅家具、卧室家具、书房家具、厨房家具（设备）和辅助家具等。

（4）按体形形式将家具分为单体家具和组合家具等。

（5）按结构形式将家具分为框架、板式拆装及弯曲木等家具。

二、家具的尺度

家具的尺度对于人们的生活至关重要，掌握不当会给使用者带来诸多不便，甚至影响身体健康。家具设计中的尺度、造型及其布置方式应符合人体的生理、心理尺度及人体各部分的活动规律，以达到安全、实用、方便、舒适、美观的目的。

1. 床的高度

一般来说，床沿的高度以 45cm 为宜，或以使用者膝部作为衡量标准，等高或略高 1～

2cm 都比较有益于健康。过高只会给上下床带来不便，太低则易受潮，容易在睡觉时吸入地面灰尘，增加肺部的工作压力。

此外，枕头的高度会直接影响人的睡眠。一般来说，成年人枕头的高度应为 15cm，老人及儿童的枕头可稍低，婴儿枕则应在 6cm 左右。这样有利于大脑的正常供血，颈部的肌肉放松，肺部的呼吸通畅。

2. 沙发的高度

单人沙发，坐前宽不应小于 48cm，小于这个尺寸，人即使能勉强坐进去，也会感到拥挤。坐面的深度应在 48～60cm 之间，过深则小腿无法自然下垂，腿肚将受到压迫；过浅，就会感觉坐不住。坐面的高度应在 36～42cm 之间，过高，就像坐在椅子上，感觉不舒适；过低，坐下去，站起来都会感到很困难。双人或三人沙发的坐面高度与单人沙发的坐面高度标准一致，坐面宽度则有相应变化。三人沙发每个人的坐面间距以 45～48cm 为宜，双人沙发的坐面间距可以更大，一般为 50cm，视使用者胖瘦而定。沙发扶手一般高 56～60cm。如果没有扶手而用角几过渡的话，角几的高度应为 60cm，以方便枕手或取物。

3. 电视柜的高度

电视柜的高度应使使用者就座后的视线正好落在电视屏幕中心。以坐在沙发看电视为例，坐面高 40cm，坐面到眼的高度通常为 66cm，加起来是 106cm，这是视线高，也是用来测算电视柜的高度是否符合健康高度的标准。若无特殊需要，电视柜到电视机的中心高度最好不要超过这个高度。

如果挑选非专用电视柜做电视柜用，70cm 高的柜子为高限。以 29 英寸的电视机为例，机箱高 60cm，柜子高 70cm，加在一起是 130cm，测算下来屏幕中心到地面的高度约为 110cm，这个高度刚好符合正常收视的健康高度，如果选用的柜子高于 70cm，则中心视线一定高于这一标准。根据人体工程学原理，仰视易使颈部疲劳，损害颈椎健康。卧室电视柜的健康高度视床的高低可沿用这一测算方法。

4. 桌椅的高度

桌椅的高度应以人的座位（坐骨关节点）基准点为准进行测量和设计，高度通常定在 39～42cm 之间，小于 39cm 会使膝盖拱起引起不舒适感，并增加起立时的难度；椅子高度大于下肢长度 5cm 时，体压分散至大腿，使大腿内侧受压，易造成下腿肿胀。

5. 厅柜的高度

40cm 高的低柜，正好与沙发形成交流的高度。60～70cm 高的低柜兼作展示柜或放置电视机都能获得比较理想的效果，这是适合大多数东方人的健康高度，这个高度对视线的回应及时且有效。

高柜的最高处距房顶应维持在 40～60cm 之间，过高会产生压迫感，过低则容易忽略中心高度，造成视觉的分散。柜子搁板的层间高度不应小于 22cm。小于这个尺寸会放不进 32 开本的书籍。考虑到摆放杂志、影集等规格较大的物品，搁板层间高一般选择 30～35cm 为宜。

6. 展示类家具的健康高度

健康高度在家具设计中的应用，应特别强调家具在使用过程中人体生理及心理的反应。

根据使用者的立位、坐位和卧位的基准点来规范家具的基本尺度及家具间的相互关系是挑选家具的首要标准。

三、家具的功能

1. 支撑人体

人的坐卧、躺倚，都要有座椅、沙发、床等家具的支撑。

2. 容纳储藏物

室内的大量物品都要由家具收容、存储和陈列。

3. 分隔室内空间

家具的组合和排列，实际上对居室空间起了分隔的作用。通过家具的摆设，能够灵活地调节居室空间的功能和格局。

4. 构成室内景观

家具有时成为室内景观的主体，有时成为视觉焦点。

四、选择家具的原则

现代的家具种类繁多、风格各异，如何根据居室条件、使用需求和个人爱好等因素选择好家具，对创造良好的生活空间是至关重要的。家具的选择应着眼于全局，使其与整个环境相协调，这是选择家具总的原则。一般来讲，在选择家具时必须充分考虑以下几个方面：

1. 家具的数量应根据居室条件确定

在选择家具和确定家具数量时，必须从了解居室的环境入手，把握居室面积的大小、位置和朝向等。若房间的尺度较大，应考虑随时调整布局、变换家具的位置以添加新意与乐趣。若房间的面积较小，应配备线条明快、造型简洁的多功能组合式或折叠式家具，可以相对增加有效使用面积，使空间得以充分利用。如果盲目追求家具的件数和套数，过多的家具会使居室空间显得拥挤、零乱。

2. 家具的风格应与居室风格一致

现代家具造型变化万千，款式不断翻新，家具的不断创新是现代生活方式的反映。选择家具时，要注意家具与居室风格的统一，以求整体布局的和谐。如果居室装饰为古典式样的，就应选用传统家具；如果居室装饰为现代风格的，就应选用造型简洁、浅色调的成套家具；如果居室装饰为中西合璧式的，可选用成套的西式家具，并配以中式装饰物等。居室家具的样式、格调、色彩较为一致，就易于使整个居室形成统一的风格。

3. 家具的色彩应与居室的色彩基调协调

家具的色彩是构成居室色彩的重要组成部分，对居室装饰的效果起到了重要的作用。家具的色彩要与墙面、顶棚、地面的色彩相协调，使整个居室的色调统一、和谐。如果居室小、光线不足，可选择清新、淡雅的乳白色或浅黄色等，这样给人明快的感觉。如果居室大、光线充足，可选择深色调的家具。在居室色调确定之后，家具色彩的选择必须参照居室的色调，使两者相匹配。

4. 家具的选择应考虑家具的材质与结构

目前，一般家庭多以木质家具为主，以其他质地的家具为辅。居室中的主要家具，如床、柜等多为木质；其他家具，如桌椅、茶几等，可选用竹编、藤编或金属质地的。竹编、藤编的家具表面粗朴，木质、金属质地的家具表面细腻，两者形成鲜明的对比。由于选用不同质地的家具，使家具肌理富于变化，可产生协调又有对比，统一中有变化的审美效果。就家具结构而言，组合式家具应用范围广，可自由拆装，能节省大量的室内空间。如果用组合式家具作为隔断，通过不同形式很容易对居室进行分隔，使居室富于变化，不断产生新鲜感。此外，还可选用具有多种功能的家具。

5. 家具的选择应考虑人体活动的需求

在家庭活动中，人们从事各项活动都要遵循一定的规律，而人体各部位都有一定的尺寸，对使用的家具也有一定的要求。因此，必须按照量体裁衣的原则，根据家庭成员的特点，对家具的尺寸（如桌椅的高低和沙发的深浅等）进行科学的设计和合理的选择。家具摆设的方向和位置等也要考虑人体的尺寸，为人们留出足够的活动空间。

6. 家具的选择应注重质量检查

选择家具时，一定要重视家具的质量。

五、配置家具

1. 家具的摆设方法

家具的摆设是居室布置中最实质的内容，对居室的美观和实用起着直接的影响。家具的摆设必须考虑人们的活动空间与使用空间的协调，并使家具的功能得以充分发挥。方便、实用是对家具摆设的基本要求，只有这样才能为人们的室内生活提供基础条件。所以，必须掌握家具在居室中所占的比例。以一个房间为例，摆设的家具所占面积之和不应大于房间面积的 1/2。家具的摆设要避开室内主要通道，保证通道的宽度，以利于人们通行和活动。

家具的布置应符合空间构图美的法则，注意有主有次、有集中有分散。一般情况下，小空间给人安稳、宁静的感觉，家具不宜过多，宜聚不宜散。空间大时，家具布置宜散不宜聚，有效地利用各种家具，可以隔出大小不同、高低各异的空间；或是似隔非隔、互相渗透，形成一个有序列感、节奏感、韵律感的整体。

在具体布置时，通常有对称式和不对称式两种方法。对称式显得规整，具有明显的轴线，主要家具以圆形、方形、矩形和马蹄形布置。不对称式显得自由活泼、富于变化，比较适合现代生活的要求。

2. 不同居室的家具布置

（1）客厅家具的布置。客厅家具主要由沙发、茶几、电视音响柜、陈列组合柜等组成。对客厅不同功能的区域应因地制宜、合理地用家具进行分隔。例如，利用低柜、通透隔断等可以进行半间隔空间割分，形成一个既彼此分隔又相互衬托的和谐整体。家具的摆设密度要低，体积也不宜太大、太高，以免形成压抑感。会客区以沙发为使用中心，固定沙发的款式和色彩是最重要的因素，应根据整个室内设计的风格和色调加以选择。

（2）卧室家具的布置。卧室家具主要有床、柜等。床占地面积最大，使用频率最高，布置卧室首先要安排好床位。主卧室以其三面临宅为好。儿童房、老人房则需要根据各自的特点进行布置；梳妆台是主卧室中不可缺少的家具，它是女性的专用家具，因此在造型、色彩的设计上要符合女性的特点。随着我国住房条件的改善和人们审美意识的提高,现在人们更注重卧室的舒适和情调,卧室家具也设计得更新颖。因而,选用更灵活和个性化的卧室家具已成为人们追求的时尚。

(3) 书房家具的布置。现在有条件的家庭都会专门布置一间书房。书房家具主要有写字桌、电脑台、书柜等。在布置家具时应注意人体的活动尺度,书房家具不仅要求高度合适,桌下还应有置腿空间,并保证有足够的储藏空间和充裕的工作平面。为了保证有足够的自然光照明,写字桌宜布置在靠近窗口的位置。

(4) 餐厅家具的布置。餐厅家具主要由餐桌、餐椅、酒柜等组成。餐桌的选用不宜太大,一般以配4~6张座椅为合适。餐桌的款式繁多,主要有方形、长方形和圆形等,应根据自己的爱好和房屋空间的大小合理地选择。

家具的摆设是一门艺术。家具摆设必须从实际出发,遵循一定的规律,才能创造出舒适、实用的生活空间,并产生良好的美观效果。现代居室中的家具千变万化,各种家具的造型也与日俱新,人们在选择家具时也更追求个性化的风格。另外,居室家具宜少而精,且不宜固定一种模式。

【知识拓展】

(1) 家具配置应在室内设计方案确认后,与建筑装饰施工同步进行,因为家具采购有一定的周期,所以要有足够的提前时间,保证项目按时竣工。

(2) 家具配置时,其造型、色彩直接影响室内设计的整体效果。因此,家具配置要与其他内含物配置同时考虑,以满足空间设计整体统一的要求。

(3) 家具选购技巧。

1) 闻气味。现在市场上销售的木家具,除了全实木家具外,多数都有人造板部件。因此,在选购时要闻气味。如果使人流眼泪、打喷嚏,说明家具的甲醛释放量比较高,可能有问题,不要去购买。

2) 看报告。消费者向经销商索取质量检验报告,看看家具的甲醛释放量是否在标准允许的范围里。GB 18584—2001《室内装饰装修材料 木家具中有害物质限量》规定,木家具中甲醛释放量每升不得大于1.5毫克。如选购的木家具甲醛超标就不要购买,建议购买达到国家标准板材制作的家具,只有达到国家级标准的板材才真正能对人体无害。

3) 问价格。甲醛超标的木家具大多使用廉价的人造板材,因此整套木家具的价格往往"超低"。由于廉价的人造板材大量使用了劣质胶水,致使甲醛释放量严重超标。

4) 签合同。客户在购买家具时最好签订《家具买卖合同》,并将环保条款写进合同中。

5) 开发票。现在有为数不少的消费者在经销商低价的诱惑下,拿了白条、收据等一走了之,而出了质量问题去投诉时,这类非正规发票往往难以作为有效证据,因此买家具一定要经销商开具正规发票。

(4) 现代木制家具的误区。

1) 唯有实木好。人们在家具店看到一件家具,第一句话就是问:是不是全实木的?一听到否定的回答,扭头就走。其实,这是对现代板式家具缺乏了解的缘故。

与传统实木家具相对应的现代板式家具，是以人造板材为中心的。以最常用的中纤板来说，它是以木质纤维或其他植物纤维为原料，加入树脂等粘结剂制作而成。因此，实木封边、贴木皮是板式家具最高等级的做法，即使进口高级欧式家具也是如此。实木一般只用在木条、封边等小局部。无论是传统家具还是现代家具，所用木材因其材质、纹理、资源多少等因素，有明显的高、中、低档之分。低档的实木，其价值还不如高档的木皮。特别是很多中低档实木，由于脱水处理不过关的原因（家具用木材通常要求窑干，相对含水率在10%～12%以下），做成家具后，变形和爆裂的机会很大。而高档实木家具往往价格不菲。

总之，板式家具最大的优点在于力学性能上通常优于实木。客观地讲，从"居室环保"的角度来看，实木的挥发性有机化物含量远远低于板材。从"全球环保"的角度来看，用板材在一定程度上缓解了资源紧张，有利于可持续发展。

现代木家具所用的实木和木皮品种也很多，常见的品种如下：

① 黑胡桃。胡桃属木材中最优质的一种，主要产自北美和欧洲。国产的胡桃木，颜色较浅。黑胡桃呈浅黑褐色带紫色，弦切面为美丽的大抛物线花纹（大山纹）。黑胡桃非常昂贵，做家具通常用其木皮，极少用实木。

② 樱桃木。进口樱桃木主要产自欧洲和北美，木材浅黄褐色，纹理雅致，弦切面为中等的抛物线花纹，中间有小圈纹。樱桃木也是高档木材，做家具也是通常用其木皮，很少用实木。

③ 榉木。这里的榉木是指山毛榉，与中国传统家具中"南榉北榆"的榉木是两回事。榉木色泽明亮浅黄，有密集的"针"（木射线），弦切面有山纹。欧洲进口山毛榉瑕疵较少，比国产的好很多。进口榉木在国内属于中高档木材，常用其木皮，实木也用做餐椅和小方条等。

④ 枫木。枫木色泽浅黄，有小山纹，最大的特征是有"影"（局部光泽明显）。枫木是中档木材，木皮和实木都很常见。

⑤ 桦木。桦木色泽浅黄，易分特征是多"水线"（黑线）。桦木也是中档木材，实木和木皮都常见。

⑥ 橡胶木。原色为浅黄褐色，有杂乱的小射线，材质轻软，是低档实木用材。商家多称其为"橡木"，实为浑水摸鱼之举。真正的橡木比较昂贵。欧洲白橡木纹理优雅，北美红橡木有大山纹，两者均材质硬重，外观、构造、材质，均与橡胶木风马牛不相及。

⑦ 其他如松木、杉木、柞木等，皆属比较低档的家具用材。

2) 实木、木皮与贴纸的困惑。现代木制家具发展至今，已形成风格多样、品种完备、档次齐全的格局。多元化的市场在提供丰富选择的同时，也派生出鱼龙混杂、良莠难分的问题。实木多用于用料较少的品种和局部，而且贵重木材很少使用其实木部分。现代板式家具饰面材料很多，其中木皮和贴纸均很常用，但档次完全不同。木皮家具富有天然质感，美观耐用，但价格相对较高，而贴纸家具易磨损、怕水、不堪碰撞，但价格低廉，属于大众化产品。一些磨损程度不大、不近水源的家具品种目前也以贴纸为主，如鞋柜、书柜等。

① 实木。实木的木纹、木射线清晰可见，或多或少都有一些自然瑕疵。同一块实木，

不管是木板还是木条，其两个交界面木纹应能明显看出纵切面与横截面的自然衔接。

② 木皮。木皮的木纹、木射线清晰，同样应有自然瑕疵。因木皮有一定的厚度（0.5mm 左右），制作家具时遇到两个相邻交界面，通常都不转弯，而是各贴一块，因此两个交界面的木纹通常不应衔接。

③ 贴纸。贴纸的木纹、木射线清晰可见。贴纸家具在边角处容易露出破绽。另外，木纹纸因厚度很小（0.08mm），在两个平面交界处会直接包过去，造成两个界面的木纹是相接的（通常都是纵切面）。

【课外活动】

(1) 走访家具市场，分析现代家具的现状并写出调查报告。
(2) 结合室内设计项目进行家具配置，并绘制家具布置图与空间效果图。

学习情境 2　绿化配置（自然与创意）

【情境描述】

随着城市的发展，大型公共建筑及高层建筑的增多，绿地相应减少，人们对失去的绿地有着自然地怀念，特别是长期生活、工作在室内的人们，更渴望周围有绿色植物的环境。因此，将绿色植物引进室内已不是单纯的装饰，而是提高环境质量、满足人们的心理需求不可缺少的因素。室内植物以其自然生长的姿态，鲜艳醒目的色彩，大大增加了室内环境的表现力，给家居带来了浓厚的生活气息。绿化比人工装饰更具活力与生机。21世纪的家居室内设计中人们将会越来越减少烦琐的装修，而重视生态绿化质量的提高。下面通过居住空间绿化配置设计案例，学习绿化布置。

【任务实施】

(1) 了解绿化的基本知识，熟悉常用绿化配置与设计的方法、规律和技巧。
(2) 根据建筑空间（如家居空间、酒店空间和商务空间）的特点，设计室内绿化配置方案。贴近自然的生活对健康有好处，植物有利于净化空气，减小压力。因此，每个空间都应该有植物，即使空间有限，也可以找到方法，下面就介绍几个富有创意的植物配置案例。

1) 瀑布花园。在隔板上放常春藤，用布满植物的墙面替代传统的床头板，如图 5-17 所示。

2) 迷你花园。一个植物培养器就可以在最小的空间创造出一个迷你的花园。在玻璃容器中铺一层石头，再加些泥土就可以种植物，可放在餐边柜上点缀客厅餐桌，如图 5-18 所示。

3) 有生命的窗帘。植物能够过滤光线和尘土，而且能够减少噪声污染，非常适合放在窗户处。对于不能抵御阳光直射的植物，请确保放植物的窗是朝北或朝东的。大面积或多层次运用植物,可遮挡难看的景致。选择较高的种类,如斯兰、发财树、红边龙血树、蝴蝶兰等,并利用架子放置植物,从而制造高度,如图5-19所示。

图5-17 瀑布花园　　　　　图5-18 迷你花园　　　　　图5-19 有生命的窗帘

4)充满生机的墙面。在高柜上放置植物营造一面充满生机的墙面或房间隔断。选择能够和墙面融合的储物家具,让植物成为主角,就像有层次的墙纸,如图5-20所示。

5)悬挂起来的花园。植物还能够吸附厨房的气味和空气中的小尘埃颗粒,如白鹤芋、棕榈和蕨类植物。香草是厨房植物理想的选择,既实用又可以带来香味。如果没有户外空间或在厨房只有很小的操作空间,悬挂香草是简单实用的方法,如图5-21所示。

图5-20 充满生机的墙面　　　　　图5-21 悬挂起来的花园

(3)编制绿化配置预算。

(4)赴花卉市场采购盆栽植物。

(5)现场布置。

【学习支持】

一、建筑空间环境中绿化配置的作用

建筑空间绿化配置设计是室内设计的一部分，绿色植物不单是为了装饰，而是作为提高室内环境质量、满足人们心理需求不可缺少的因素。它的主要作用有以下几个方面：

1. 调节气候，净化空气

通过建筑空间绿化的有效配置，可起到调节气候、净化空气的作用。调节气候体现在通过光合作用对室内的氧气的补充，以及植物叶片的吸热和水分蒸发，对气温和相对湿度进行一定的调节；净化空气体现在植物叶片吸附空气中的尘埃，并且某些特殊植物有着特殊的作用。

2. 组织分隔，融入自然

利用绿化可以分隔空间，形成虚拟空间，从而更好地实现其空间功能；利用绿化具有观赏性的特点，吸引人们的注意力，巧妙、含蓄地对空间起到提示与指向的作用；利用绿化还可以使人的心理得到平衡。

3. 美化环境、陶冶情操

植物自身就具有优美的造型，它所显示出的蓬勃向上、充满生机的力量，可促使人们热爱自然、热爱生活。通过绿化的布置，可以把这种自然的美及自然的力量融入到环境中，不仅使环境得到了绿化，而且对人的性情、爱好等都可进行一定的调节，起到美化环境、陶冶情操的作用。

二、常见的室内空间绿化植物的种类

1. 按生活类型分类

按生活类型分类即根据花卉的生活年限以及由此表现出的外部形态特征进行分类，其分类结果如下：

（1）一年生或两年生花卉。一年生花卉春天播种、秋天收获，整个生命进程在一个自然年度内完成，常见的有半支莲、一串红（见图5-22）、五色椒、百日草、千日红、万寿菊等。两年生花卉秋天播种、翌春收获，其生命进程跨越了两个自然年度，常见的有紫罗兰、勿忘我（见图5-23）、报春花、瓜叶菊、金盏菊、雏菊等。

图5-22　一串红

图5-23　勿忘我

（2）宿根花卉。这类花卉有的地上部分在冬天枯萎，以地下的根茎越冬，如菊花（见图5-24）、芍药、萱草、玉簪、鸢尾等；有的保持常绿，如兰花（见图5-25）、万年青、绿萝等。

图 5-24　菊花　　　　　　　　　图 5-25　兰花

（3）球根花卉。这类花卉仅以地下部分变态肥大而区别于宿根花卉。常见的有水仙、百合、郁金香、风信子、朱顶红（见图 5-26）、美人蕉、大丽菊等。

（4）木本花卉。木本花卉是指多年生、茎干坚硬、木质化程度较高的花卉。常见的木本花卉有梅花、牡丹、夹竹桃、桂花（见图 5-27）、白兰、鸡蛋花等。

图 5-26　朱顶红　　　　　　　　图 5-27　桂花

2. 按观赏特性分类

按观赏特性分类即根据花卉的主要观赏特性进行分类，可分为观叶植物、观花植物、花叶共赏植物和观果植物。

（1）观叶植物又分为草本观叶植物和木本观叶植物。

1）草本观叶植物：草质，枝叶较软，一般中小型室内观叶植物均属此类。草本观叶植物主要有蕨类、花叶万年青、竹芋类、绿萝、鸭跖草类、吊兰（见图 5-28）、天门冬和文竹（见图 5-29）等。

2）木本观叶植物：木质，枝叶较硬，体型较高大，属大中型室内观叶植物。常见种类有榕树类（见图 5-30）、朱焦类（见图 5-31）、龙血树类和喜林芋类等。

图 5-28　吊兰

图 5-29　文竹

图 5-30　榕树

图 5-31　朱蕉

(2) 观花植物的主要观赏特征如下：

1) 花的大小。单花直径多在 100mm 左右，如百合；多花组成的花序较大，如八仙花，可达 300mm。

2) 花色。花色是植物花最显著的特征，特别是许多栽培变种和杂交种的花卉能出现更丰富的色彩。例如，秋海棠品种具有红、白等色彩，菊花的色彩则更加丰富。

3) 花形。花形分为散生、球形（八仙花如图 5-32 所示）、塔形（风信子如图 5-33 所示）、水塔花形及各种异形鹤望兰、红掌等。

图 5-32　八仙花

图 5-33　风信子

(3) 花叶共赏植物。花叶共赏植物指同一种植物的花和叶都具有一定的观赏价值,开花时以花为主,无花时又可观叶。其代表种类有仙鹤竽、仙客来、君子兰(见图5-34)、水仙(见图5-35)、马蹄莲、红掌和凤梨类等。

图 5-34　君子兰

图 5-35　水仙

(4) 观果植物。果实是秋天的象征,具有重要的观赏特性,故在居住空间绿化中,观果植物成为特殊的一类。常见的大型果有石榴(见图5-36)、金橘和艳凤梨等;小型果有珊瑚、万年青(见图5-37)、南天竺和观赏辣椒等。选择时应首先考虑花果并茂的石榴或果叶并茂的艳凤梨等,其次才考虑单观果的种类。

图 5-36　石榴

图 5-37　万年青

3. 其他种类植物

(1) 多肉植物。多肉植物指因适应干旱环境而使茎、叶或根特化后具有发达储水组织的一类植物。其外形奇特,极具观赏性。常见种类及代表植物如下:

1) 仙人掌类植物。一般叶成刺状,茎呈叶状,如仙人球(见图5-38)、昙花、令箭荷花和山影拳等。

2) 多肉类植物泛指仙人掌以外的肉质植物,叶子多为肉质。包括百合科、景天科、龙舌兰科等。常见的多肉类植物有绿串珠、五树、宝绿、芦荟和金边龙舌兰(见图5-39)等。

图 5-38　仙人球

图 5-39　金边龙舌兰

（2）芳香植物。芳香植物指能够散发芳香的、以闻香为目的的一类观赏植物。芳香植物有茉莉花（见图 5-40）、米兰、桂花、兰花、晚香玉、腊梅（见图 5-41）、夜来香和木香等。

图 5-40　茉莉花

图 5-41　腊梅

（3）藤蔓植物。藤蔓植物大多为室内垂直绿化植物，包括藤本类和蔓草类。

1）藤本类有攀援型和缠绕型。其中，攀援型植物的茎节上有气生根或卷须、吸盘等结构，使之附于其他物体向上生长，如常春藤（见图 5-42）、绿萝和龟背竹（见图 5-43）等。在室内装饰中，常用柱架、棚等使植物附生其上，形成特殊的观赏形态。缠绕型植物的特点是茎无附着结构，全靠软茎缠绕到其他物体上生长。缠绕型植物常见的种类有文竹、金鱼花和龙吐珠（见图 5-44）等。

2）蔓草类指有匍匐茎的植物，如吊兰、天门冬（见图 5-45）等。其特点是植株不高，形态多为平卧或下垂。这类植物最适于吊盆栽植。

三、室内绿化布置的形式

绿化的布置因室内空间的大小、个人的兴趣爱好等因素而各具特色。一般可先决定摆放植物的位置，再选择合适的植物种类，常根据以下常用布局形式进行摆放。

图 5-42　常春藤　　　　　图 5-43　龟背竹　　　　　图 5-44　龙吐珠

图 5-45　天门冬

1. 点式布局

点式布局是最简单但运用最多的一种形式。在桌面、窗台、茶几及橱顶等处均可布置。如果空间大，还可以运用独立或成组的乔木或灌木形成室内景观中心，成为室内环境的主导，如图 5-46 所示。

2. 散点布局

散点布局指在室内一处或多处零星放置数盆植物，如图 5-47 所示。

图 5-46　点式布局绿化　　　　　　　　图 5-47　散点布局绿化

3. 线式布局

线式布局指在窗台、阳台、楼梯、扶手、栏杆或厅室的花槽内成行排列布置，呈直线形、回纹形、S形等多种形式，借以划定范围、组织室内空间，如图 5-48 所示。

4. 面式布局

面式布局指在室内一角或中央成片布置数盆植物，形成室内花坛或低矮美丽的花台。一般多用于大客厅或面积较大的阳台，如图 5-49 所示。

图 5-48　线式布局绿化

图 5-49　面式布局绿化

5. 屏风式布局

屏风式布局是指以多层花架式直立形植物为主，垂直配置成绿色屏风。常用于分隔空间或制作背景，如图 5-50 所示。

6. 悬挂式布置

悬挂式布置是指在墙面、立柱、台口或顶棚上悬挂吊兰、蕨类或藤本植物，如图 5-51 所示。

图 5-50　屏风式布局绿化

图 5-51　悬挂式布置绿化

四、室内绿化布置的基本原则

1. 美学原则

创造美感是室内绿化装饰的重要原则。如果没有美感就谈不上装饰。因此，只有依照美学的原理，通过艺术设计，明确主题，合理布局，分清层次，协调形状和色彩，才能收到清新明朗的艺术效果，使绿化布置很自然地与装饰艺术联系在一起。为体现室内绿化装饰的艺术美，必须通过一定的形式，使其体现出构图合理、色彩协调、形式和谐。

(1) 构图合理。构图是将不同形状、色泽的物体按照美学的观念组成一个和谐的景观。绿化装饰要求构图合理（即构图美）。构图是装饰工作的关键问题，在装饰布置时必须注意两个方面：第一，布置均衡，以保持稳定感和安定感；第二，比例适度，体现真实感和舒适感。

布置均衡包括对称均衡和不对称均衡两种形式。人们在居室绿化装饰时习惯于对称的均衡，如在走道两边、会场两侧等摆上同样品种和同一规格的花卉，显得规则整齐、庄重严肃。与对称均衡相反的是，室内绿化自然式装饰的不对称均衡。如在客厅沙发的一侧摆上一盆较大的植物，另一侧摆上一盆较矮的植物，同时在其近邻花架上摆上一悬垂花卉。这种布置虽然不对称，但却给人以协调感，视觉上认为二者重量相当，仍可视为均衡。这种绿化布置显得轻松活泼，富于雅趣。

比例适度是指植物的形态、规格等要与所摆设的场所大小、位置相配套。室内绿化装饰犹如美术家创作一幅静态立体画，如果比例恰当就有真实感，否则就会弄巧成拙。例如，空间大的位置可选用大型植株及大叶品种，以利于植物与空间的协调；小型居室或茶几案头只能摆设矮小植株或小盆花木，这样会显得优雅得体。

掌握布置均衡和比例适度这两个基本点，就可以有目的地进行室内绿化装饰的构图组织，实现装饰艺术的创作，做到立意明确、构图新颖、组织合理，使室内观叶植物虽在斗室之中，却能"隐现无穷之态，招摇不尽之春"。

(2) 色彩协调。色彩感觉是一般美感中最大众的形式。色彩一般包括色相、明度和纯度三个基本要素。色相就是色别，即不同色彩的种类和名称；明度是指色彩的明暗程度；纯度也叫饱和度。色彩对人的视觉来说是一个十分醒目且敏感的因素，在室内绿化装饰艺术中发挥着举足轻重的作用。

室内绿化装饰的形式要根据室内的色彩状况而定。如以叶色深沉的室内观叶植物或颜色艳丽的花卉作布置时，背景底色宜用淡色调或亮色调，以突出布置的立体感；居室光线不足、底色较深时，宜选用色彩鲜艳或淡绿色、黄白色的浅色花卉，以取得理想的衬托效果。陈设的花卉也应与家具的色彩相互衬托。如清新淡雅的花卉摆在底色较深的柜台、案头上可以提高花卉色彩的明亮度，使人精神振奋。

此外，室内绿化装饰植物色彩的选配还要随季节变化以及布置用途的不同而作必要的调整。

(3) 形式和谐。植物的姿色形态是室内绿化装饰的第一特性，它将给人以深刻印象。在进行室内绿化装饰时，要依据各种植物的姿色形态，选择合适的摆设形式和位置，同时注意与其他配套的花盆、器具和饰物搭配协调，要求做到和谐相宜。如悬垂花卉宜置于高台花架、柜橱或吊挂高处，让其自然悬垂；色彩斑斓的植物宜置于低矮的台架上，以便于欣赏其艳丽的色彩；直立、规则的植物宜摆在视线集中的位置；空间较大的中厅位置可以摆设丰满、匀称的植物，必要时还可以采用群体布置，将高大植物与其他矮生品种摆设在一起，以突出布置效果。

2. 实用原则

室内绿化装饰必须符合功能性的要求。实用原则是室内绿化装饰的另一重要原则。要根据绿化布置场所的性质和功能要求，从实际出发，做到绿化装饰美学效果与实用效果的高度统一。例如，书房是读书和写作的场所，应以摆设清秀典雅的绿色植物为主，以创造一个安宁、优雅、静穆的环境，让绿色调节视线，缓和疲劳，起到镇静悦目的作用，不宜摆设色彩鲜艳的花卉。

3. 经济原则

室内绿化装饰除了要注意美学原则和实用原则外，还要求绿化装饰的方式经济可行，而且能保持长久。设计布置时要根据室内结构、建筑装修和室内配套器物的标准，选配合乎经济水平和格调的植物，使室内"软装修"与"硬装修"相协调。同时，要根据室内环境特点及用途选择相应的室内观叶植物及装饰器物，使装饰效果能保持较长时间。

上述三个原则是室内绿化装饰的基本要求。它们联系密切，不可偏颇。如果一项绿化装饰设计美丽动人，但不适于功能需要或费用昂贵，也算不上是一项好的装饰设计方案。

【知识拓展】

(1) 建筑空间绿化配置设计应该满足人们家居生活的基本需求。

(2) 根据室内或内庭、阳台等空间的特征，如朝向、面积、空间高度、开敞方式等科学合理地配置绿化植物。

(3) 绿化配套器物的选用应该与室内空间环境的装饰装修设计风格相协调，并富有创意。

(4) 建筑空间绿化配置、配套器物的选用等应该满足安全、健康、环保的要求。

【课外活动】

调查当地常见绿化植物的种类和特点，参观居民室内的绿化布置与效果、公共空间的绿化布置与效果。

学习情境3　居住空间配色（色彩与创意）

【情境描述】

在空间构成要素中，除了形之外，还必须伴随着色彩。人们普遍认为在一个空间之中，首先感觉到的是色彩，其次才意识到形。色彩能吸引人，可以加强形的效果，更好地表现空间。室内色彩能够影响人的情绪。色彩也是一种最实际的装饰因素。同样的家具、陈设施以不同的色彩可以产生不同的装饰效果。

【任务实施】

（1）室内空间色彩设计常用色彩配置原则如图 5-52 所示。

顶：无彩或提高明度。

墙：提高明度（特别是窗间墙）。

地：降低明度（易清洁、可使人情绪稳定）。

踢脚板：与地色一致或略深、略浅。

门：同墙色或深墙色，降低彩度。

窗：有装饰性、色别于墙，适当提高彩度。

桌椅：与用途、界面关系有关系时，明度、彩度略小；可适当装饰，提高局部彩度。

a)

b)

图 5-52　常用色彩配置原则

（2）根据室内空间色彩设计步骤配色如下：

1）先整体再局部，先大面积再小面积。

2）确定明度、色相（冷暖）、彩度、对比度。

3）想象整体图样进行总构思，绘制平面图、立面图、剖面图，考虑界面与家具陈设及全局的关系，查阅材料样本、色彩手册，编制说明、图表，施工配合定色调（相似、对比），考虑对比，合理配置，突出重点。

（3）配色实例列举。

1）对比色协调。卧房，如图 5-53 所示。墙，白加浅粉偏微红；地板，象牙木或柚木；踢脚板，比地面略深；家具，柚木本色（台面棕黑色）；床套，鹅黄上浅橙小花图案与紫色；窗帘，鹅黄与白相间，或抽象几何小块图案。

2）调和色协调。

① 单纯色（同种色）——色相同而明暗不同的颜色。

特点：朴素、淡雅且调和。室内空间处理时应适当加大色彩差别，宜小面积浓色块，大面积淡色块，如图 5-54 所示。

图 5-53　对比色协调卧房

图 5-54　单纯色调的卧房

②同类色——色环上色距很近的色相。同类色宜用于庄重、高雅的空间，有利于空间净化和一体化，适用于体积较小而陈设杂乱的空间。

为避免朴素、沉闷和单调，应把同一部件（墙、地、顶等）划分为大小、形状不同的色块；加大明度和彩度级差；充分显示材质、纹理、光彩等差别；利用灯具、壁挂、盆花等陈设作点缀，与基调色成对比，如图 5-55 所示。

③近似色——色环上色距大于同类色而未及对比色的色相。在配色中若两色不协调，只要在两色中同时加入另一种色便可协调，如图 5-56 所示。

图 5-55　同类色调的卧房

图 5-56　近似色调的房间

（4）整理、提炼，绘制室内空间配色效果图。

（5）通过多媒体方式，分组对室内空间配色效果图进行交流与分析，以增加感性认识，并获得体验与提高。

【学习支持】

一、色彩的基础知识

1. 光与色的关系

光与色是不可分的，色彩来自于光。一切客观物体都有色彩。人们以为色彩是物体固有的，实际情况并非如此。根据物理学、光学分析的结果，色彩是由光的照射而显现的，凭借了光，我们才看得到物体的色彩。没有光就没有颜色，是光创造了五彩缤纷的世界。

在自然界和生活中，光的来源很多，有太阳光、月光，以及灯光、火光等，前者是自然光，后者是人造光。色彩学是以太阳光为标准来解释色和光的物理现象的。太阳发射的白光是由各种色光组合而成的，通过三棱镜就可以看见白光分散为各种色光组成的光带，英国科学家牛顿把它定为红、橙、黄、绿、青、蓝、紫七色。这七种色光的每一种颜色都是逐渐地、非常和谐地过渡到另一种颜色的。其中，蓝色处于青与紫的中间，蓝和青区别甚微，青可包括蓝，所以一般都称为六种色光，形成光谱。在色彩学上，把红、橙、黄、绿、青、紫这六色定为标准色。

不同物体为什么会形成各种各样的颜色呢？按照物理学的原理：光线照射到物体表面时，一部分色光被吸收，一部分色光则被反射出来，被反射出来的色光作用于人们的视觉，就是物体的颜色。太阳光下的红花，是因为太阳光中的橙、黄、绿、青、紫等色光被花吸收，只有红光被反射出来，使人们的视觉感觉到花是红色的。在光的照射下，如果某一物体较多地吸收了光，便显示为黑色；若较多地反射了光，则显示为淡色以至白色。各种物体吸收光量与反射光量比例上的千差万别，就形成了许多不同深浅和各种鲜艳或灰暗的色彩。

2. 色彩三要素

（1）色相。色相即色彩的"相貌"，如红、橙、黄、绿等，也就是颜色的种类和名称，它是色彩显而易见的最大特征，如图5-57所示。

自然界的色彩难以数计，许多色彩也难以叫出名称，只能大致地说这是偏黄的灰绿，那是暗枣红等，观察色相时要善于比较，即使相似的几块颜色，也要从中比较出它们不同的地方。如红颜色有朱红、曙红、玫瑰红、深红的区别。同时，又要分辨出朱红（红中偏黄）、大红（红中偏橙）、曙红（红中偏紫）、玫瑰红（红中偏蓝）、深红（红中带黑）的不同色相。再如黄色有淡黄（黄中偏白）、柠檬黄（黄中偏绿）、中黄（黄中偏橙）、土黄（黄中带黑）、橘黄（黄中带橙）；蓝色有钴蓝（蓝中带粉）、湖蓝（蓝中带绿）、群青（蓝中带紫）、普蓝（蓝中带黑）等。

图5-57　色环

（2）色度。色度指色彩的明度和纯度。

明度即颜色的明暗、深浅程度，指色彩的素描因素。它有两种含义：一是同一颜色受光后的明暗层次，如深红、淡红、深绿、浅绿等；二是各种色相的明暗比较，如黄色最亮，其次是橙、绿、红、青、紫。画面用色必须注意各类色相的明暗和深浅，如图5-58所示。

颜色除在明度上的差别外，还有纯度的差别。纯度是指一个颜色色素的纯净和浑浊的程度，也就是色彩的饱和度。纯正的颜色中无黑白或其他杂色混入。未经调配的颜色纯度高，调配后色彩纯度减弱。此外，用水将颜料稀释后，水彩和水粉色也可降低纯度。纯度降低后，色彩的效果给人以灰暗或淡雅、柔和之感。纯度高的色彩较鲜明、突出、有力，但感到单调刺眼，而混色太杂则容易感觉脏，色调灰暗，如图5-59所示。

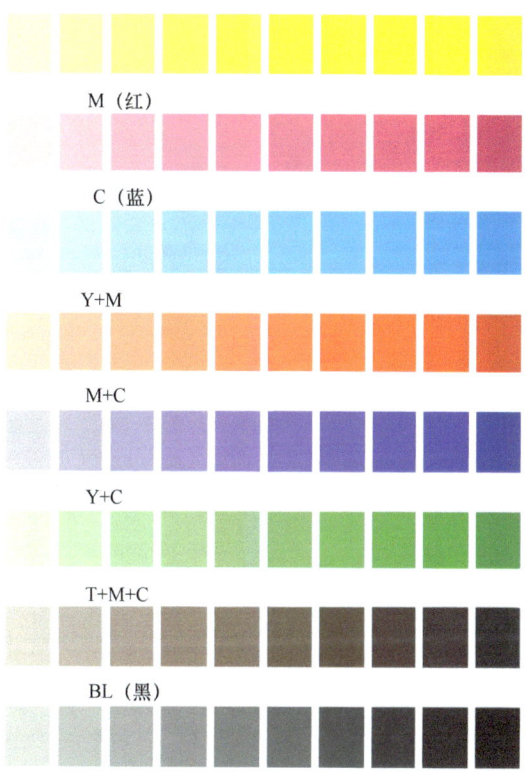

图 5-58 明度条

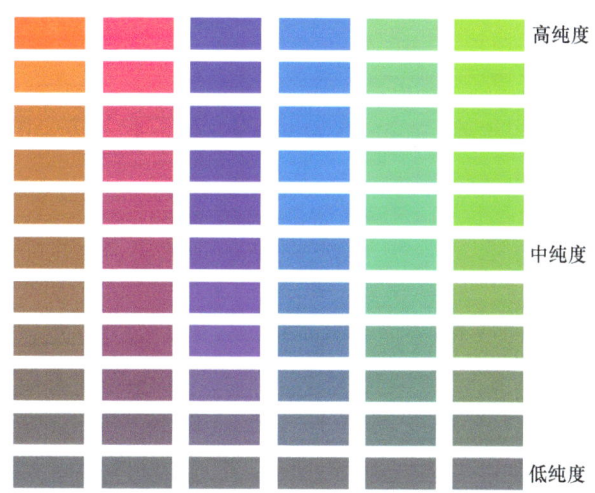

图 5-59 纯度条

(3) 色性。色性即色彩具有的冷暖倾向性。这种冷暖倾向是出于人的心理感觉和感情联想。暖色通常指红、橙、黄一类颜色。冷色是指蓝、青、绿一类颜色。生活中物象色彩千变万化，极其微妙复杂，但无论怎么变都离不开冷暖两种倾向。

色相、色度、色性在一块色彩中是同时存在的。观察调合色彩时三者必须同时考虑到，要三者兼顾。最好的办法是运用互相比较的方法，正确地分辨出色彩的区别和变化，特别是对于近似的色彩，更要找出它们的区别。

二、色彩的对比与调和

自然界的色彩，充满着对比与调和的辩证统一关系。色彩的配合既要有对比又要有调和，只有调配得当，才能给人以美感。"对比"与"调和"是画面上处理色彩常用的手法，"对比"给人以强烈的感觉，"调和"则给人以协调统一的感觉。凡是成功的色彩画都在某些方面存在着对比，而在整体上看又是调和与统一的。在具体运用时，要根据主题内容和画面效果的需要，有所侧重。但强调对比时，要注意调和；强调调和时，也要适当运用对比。

1. 对比

色彩对比是色彩绘画上一种经常使用的重要手法。它主要是研究色与色之间的相互关系，特别是研究两种颜色并列时所产生的变化及其特殊的效果。在运用色彩时，孤立的一块颜色是很难达到理想的效果的。利用色彩的对比，可以提高色彩的明度或纯度，或降低其明度或纯度，扩大色彩的表现范围。

色彩对比有"同时对比"与"连续对比"之别。两种以上的颜色并列或邻近时，各色同时作用于人们的眼睛，所形成的对比称为"同时对比"；看了一个颜色之后再转看另一个颜色，与先看的颜色形成对比，色彩不同时作用于人们的眼睛，这种对比称为"连续对比"。绘画的色彩多采用同时对比，即两块以上的颜色并列在画面上，产生对比效果，引起色彩感觉的变化，致使互相类似的成分减弱，互相不同的成分增强。

色彩上常用的对比手法有以下几种：

（1）色相对比。在绘画中，色相对比是最简单、最容易的一种。它是单指"色"的变化。即两种纯色（饱和色）或未经掺和的颜色，在它们充分强度上的对比。两种纯色等量并列，色彩相对显得更为强烈。我国民间的民族服饰、年画、剪纸、建筑装饰，以及现代绘画诸流派都使用强烈的色相对比，形成鲜明突出的色彩对比，产生美的效果。按照色彩在色环上的角度关系可以分为 0°、30°、60°、90°、120°、180°，即同类色对比、相似色对比、类似色对比、中度色对比、对比色对比、互补色对比，如图 5-60～图 5-65 所示。

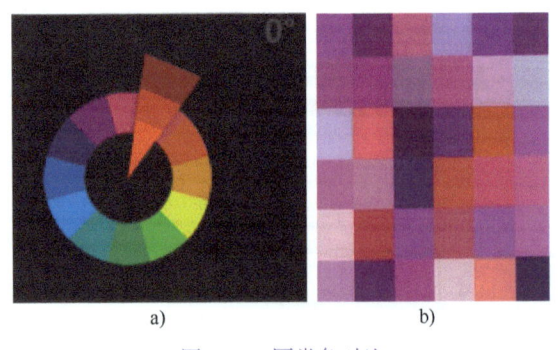

图 5-60 同类色对比

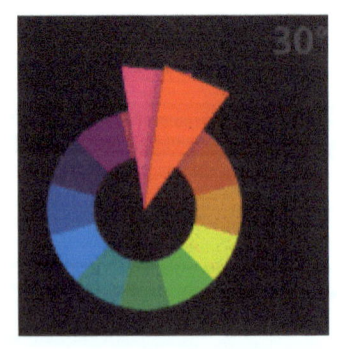

图 5-61 相似色对比

图 5-62　类似色对比

图 5-63　中度色对比

图 5-64　对比色对比

图 5-65　互补色对比

(2) 明度对比。明度对比是指黑、白、灰的层次，即素描关系上明暗度的对比，包括同一种色彩不同明度的对比和各种不同色彩的不同明度对比。如明色与暗色、深色与浅色并置，明的更明，暗的更暗，深的更深，浅的更浅，即是明度对比的作用。色彩的配置必须有明度对比，对比要有强有弱，以增加色彩的层次和节奏。在色彩画中，为突出主题或造成画面鲜明生动的色彩层次和环境气氛，常运用色彩的明度对比这一手法，如图 5-66 所示。

为了便于理解明度对比的概念，下面将无彩色由黑色到白色等差分为 9 个阶段，依次为 1～9，形成明度列（即明度标尺）。1～3 为低明度，4～6 为中明度，7～9 为高明度，如图 5-67 所示。

明度对比的强弱取决于色彩明度差别跨度的大小。配色的明度差在 3 个阶段以内的组合

图 5-66　明度对比色

图 5-67　明度列

为明度的弱对比,称为短调;明度差在 5 个阶段以外的组合为明度的强对比,称为长调;居中的称为中调,如图 5-68 所示。

图 5-68　明度对比组合

(3) 纯度对比。一种颜色与另一种更鲜艳的颜色相比时,会感觉不太鲜明,但与不鲜艳的颜色相比时,则显得鲜明,这种色彩的对比称为纯度对比。以鲜艳色为主的画面,间用少量的灰性色,鲜艳色会更鲜艳,效果更明亮。

绘画上有时不是靠色相而是靠纯度和明度来突出主题的。纯的色总是鲜明的、实的、重的、跳跃的。灰的色是不鲜明的、虚的、轻的、隐伏的,这是一般的规律。两种纯度都很高的色彩,对比强烈,感觉不协调。如将其中一色的纯度减弱,则另一色彩感觉纯度更高,主次分明,就觉得画面比较协调。一般降低纯度的办法有三种:一是调入灰色,该色会变得柔和些;二是调入白色或黑色,明度变了,纯度也变了;三是调入补色,使其变得灰暗一些。在一张绘画里,纯度高的色彩不能太多,以免看不出色彩的主调,造成鲜明的色彩互相不协调。画面有一个纯度高的主色,其他为纯度低的颜色,易使画面色调统一。位于纯度不同的背景上的同一色彩,在纯度比它低的背景上看上去就显得较鲜艳,而在纯度比它高的背景上就显得较灰暗，这是由于纯度对比所产生的感觉上的差异，如图 5-69 所示。

图 5-69　纯度对比色

（4）冷暖对比。由于色彩感觉的冷暖差别而形成的色彩对比，称为冷暖对比。色彩的冷暖对比还受明度与纯度的影响，白光反射高而感觉冷，黑色吸收率高而感觉暖。通过对比，冷的更显冷，暖的更显暖。欲使某一暖色更暖，可在其周围配置对比的冷色。运用冷暖色对比，两色也应有主有次，并以明度、纯度的不同加以调节。但色彩的冷暖不是绝对的，而是相对而言的。因为色彩不是孤立的，要在色彩的相互关系中才能确定它的性格和作用。也可以说，色彩离开了相互关系就无所谓冷暖，无所谓正确与否了。位于冷暖不同的背景上的同一色彩，看上去感到在冷色背景部分偏暖，在暖色背景部分则偏冷。这是由于冷暖对比产生的感觉上的差异，如图 5-70 和图 5-71 所示。

图 5-70　冷暖对比色

（5）补色对比。将红与绿、黄与紫、蓝与橙等具有补色关系的色彩彼此并置，使色彩感觉更为鲜明，纯度增加，称为补色对比。补色对比是一种最强烈的冷暖对比，其色彩效果非常鲜明。三原色中任何两色调合成的间色和另一原色的关系是互为补色的关系。如橙（红加黄）与蓝、绿（黄加蓝）与红、紫（红加蓝）与黄是三对最基本的互补色。补色并列时，就可使其相对色产生最强烈的

图 5-71　冷暖对比构成图

效果，如图 5-72 和图 5-73 所示。如红色与绿色相对，红的更红，绿的更绿。而黄色与紫色相对，就会加强紫色，黄色也更显鲜明。但对比时应该在色彩的分量及纯度、明度等方面进行适当变化，使其在对比中又感到和谐自然。每对互补色混合时都呈灰黑色。同时，每对互补色还有其独特性，如黄与紫这一对互补色呈现出极度的明暗对比；红与绿这一对互补色有着相同的明度；红橙与蓝绿这一对互补色是冷暖的极度对比。由于视觉上的反馈现象，当你注视红色时，会感到周围的白色泛出绿色；当你注视蓝色时，会感到周围的白色泛出橙色。将一个纯灰色的圆环，放在两种不同的鲜艳底色上，就会看出这个灰色圆环的左右两端各自呈现出底色的补色倾向。

（6）色量的对比。色量对比即色彩面积的对比。色彩对比还要顾及面积的大小，即用色面积要有大小、主次。画面上色彩的面积配置不当，可使调和的色彩过分调和而趋于单

图 5-72 补色对比色

调,也会使过分刺激而破坏整体色彩的协调。为了提高画面色彩的效能,可采取色彩面积大小不同的对比。"万绿丛中一点红"即是色量(面积)对比的一个配色实例。"万绿"与"点红"的色量对比,冲缓了红与绿刺激性的对比。在大片的涂色或统一色调中采用小面积的对比,互相陪衬,面积小的色彩引人注目,有画龙点睛的作用,如图 5-74 所示。

图 5-73 补色对比色构成图

图 5-74 色量对比构成图

2. 调和

所谓调和,就是色彩上具有共同的、互相近似的色素,色彩之间协调、统一。即两种以上的颜色组合在一起,能够统一在一个基调之中,给人感觉和谐不刺激。色彩上的调和主要是研究解决缓冲色彩矛盾(对比)的方法,是在不同中求其相同的、互相近似的因素。任何画面上的色彩都应求得调和,这是学习色彩必须掌握的一种方法。

色彩调和有以下几种方法:

(1) 主导色调和。主导色调和是指以画面上一种颜色为主导(面积大于其他色块)的基本主调色,其他色彩处于次要或从属地位,以增加色彩的调和感。

(2) 类似色或邻近色的调和。由关系较接近的色彩(色相、明度、纯度上较接近)组成的调和色,色调比较柔和、单纯。其调和的方法如下:

1) 同一色相而明度接近的两色配合(如淡绿和深绿),或明度差距相等的三色配合(如淡红、纯红和较深的红)。

2) 色相较邻近色彩的调和,如纯青和青绿两色配合,或黄绿、纯绿、青绿三色的配合。

(3) 对比色调合。在画面上采用各种不同的对立色性的色相形成对比,也能使其产生调和效果。其调和方法如下:

1) 不同的色相加入共同色素。如将画面上的各种不同色彩均加入黑色,使各色都趋于灰黑而调和；各色中都加一点红色，使各色都微带红色，画面色彩形成红色调。

2）改变其中一色的明度，使两色一深一浅，以缓冲色彩刺激。

3）加入两个对比色的中间色，如黄与紫之间加青绿，或橙与青之间加黄绿，或红与绿之间加黄橙。

4）改变其中一色的纯度。

（4）运用中性色调和。运用中性色调和即在两色之间加一过渡色，如黑、白、灰、金、银五色，这在年画和装饰绘画中较为常用。由于中性色的过渡作用，使对比色求得调和。如红绿两色并列，既刺激又强烈，只要将两者中间勾以黑边，就使两块颜色拉大了距离，起了缓冲的作用，这样在视觉上就舒服些。另外，用白线、灰线勾边线也能起到同样的调和作用。很多人所喜爱的民间年画，用色鲜明，对照强烈，画面充满了红、绿、黄、蓝等色彩，大多勾以黑色、白色甚至金色、银色边线，使其画面产生调和的效果。

三、色彩的感情和联想

红：（具象）太阳、血液、火焰、心脏、苹果、杨梅、消防车、红旗、口红，（抽象）热情、喜庆、革命、反抗、刺激、爱情、活泼、庄严、危险、信号、振奋、愤怒、残暴。

橙：（具象）胡萝卜、橙子、晚霞、秋叶、橘子、柿子，（抽象）和谐、香甜、富贵、活力、烦恼、暴怒、积极、明朗、胜利、快乐、勇敢、兴奋、热烈、明亮、温暖。

黄：（具象）阳光、菊花、黄金、香蕉、稻谷、柠檬、菜花、注意信号，（抽象）光明、明快、华贵、不安、愉快、希望、灿烂、辉煌、野心。

绿：（具象）树木、草地、牧场、公园、青菜、西瓜、宝石、春天、大自然，（抽象）和平、生命、理想、凉爽、安静、公正、成长、希望、满足、青春、安全信号。

【知识拓展】

色彩设计基本要求如下。

1. 以使用与精神功能为出发点

如：商店里商品万千、色彩丰富，那么宜采用较素的颜色来突出商品以吸引顾客；剧场舞台应以舞台为中心，台上大幕用大厅对比色，台背景则用浅蓝达到偏冷的效果；病房里病人短期居住，希望早日康复，要给病人战胜病魔的信心，宜用淡黄、柠檬黄作基调，若长期居住需要给病人镇静作用，宜用浅蓝、浅紫；起居室是家人团聚、接待客人的地方，要有亲切、和睦、优雅的感觉，宜用浅黄色、绿色等。又如，结合人们感知色彩过程：

办公、卧房停留时间长，色彩宜稳定、淡雅；候机室、餐厅停留时间短，色彩宜明快、鲜艳。

2. 色与光照的统一

如：为了突出肉食品的鲜美，宜采用红色灯光。

3. 色与质地的统一

浅棕色磨光花岗岩适宜做玻璃桌面的基调和地面。

浅棕色粗织面料可覆盖沙发椅。

4. 色与周围环境协调

周围环境对室内色彩设计有一定的影响，建筑室外环境及景物的色彩会反射到室内空间，同样室内空间环境的色彩也会通过反射影响周围物体和室外景物的色彩。例如，建造在自然山林环境中的建筑，通常采用落地大玻璃将室外景色引入室内，使建筑内外融为一体，同时也把室外色彩引入室内空间，成为空间色彩的组成部分。因此，色彩设计必须与周围环境相协调。

【课外活动】

根据给定的居住空间室内设计方案，进行室内配色设计。

居住空间室内设计方案平面布置图如图 4-23 所示，顶面布置图如图 4-50，立面图如图 4-96 所示。

项目六

创意与表达

【项目概述】

在建筑装饰项目设计过程中，无论是项目调研、资料收集，还是方案构思与表达，都需要设计师具有一定的徒手表达能力，在创意之初的速写、拷贝、方案构思与手绘表现已成为当今一名建筑装饰师或室内设计师必须具备的一项基本技能。

在本项目中，结合建筑装饰项目的设计过程，通过速写记录、资料拷贝、手绘方案图等三个学习情境来介绍基础美术知识与技能在建筑与室内设计项目中的应用。

学习情境1 速写记录

【情境描述】

具有一定的绘画能力是从事建筑装饰与室内设计工作的一项基本技能，在建筑装饰或室内设计项目调研、资料收集的过程中，常常运用基础美术的知识与技能完成建筑装饰与室内设计项目调研资料或素材的采集与提炼，而速写记录更是设计师的一项基本技能，下面通过各类建筑装饰及室内设计项目的速写记录，学习方案创意设计资料的收集。

【任务实施】

（1）根据建筑装饰及室内设计项目任务书的要求，确定空间类型、功能要求、环境特征及装修标准。

案例1　任务书：

丁香花园酒店室内方案设计

一、任务目的与要求

了解现代餐饮旅游业的发展趋势，餐饮旅馆建筑装饰设计的个性化，学习旅馆建筑室内设计的基本原理和旅馆建筑室内的特征、设计手法。

分组进行项目设计,每组宜1~2人,组长具体负责项目进度和质量控制。

二、设计依据

(1) 建设单位:广乐清远丁香花园酒店。

(2) 设计单位已完成的初步室内方案(供参考)。

(3) 旅游建筑星级评定标准及其他设计规范。

三、设计命题及条件

(1) 广东清远丁香花园酒店一层大堂、酒店二层桑拿区入口设计(建筑平面图略)。

(2) 建筑层高:一层4.5m、二层4.2m,柱480×480mm,墙厚240mm,其余尺寸以平面图标注为准,未标注尺寸请按比例确定。

四、设计要求

根据酒店设计风格,运用个性化的设计语言塑造一个现代的、个性鲜明的酒店室内空间。

(1) 功能组织合理,整体风格统一,符合安全、适用、美观的要求。

(2) 大堂内需设置可供6人使用的总服务台、贵重物品寄存间(≥6m^2)、沙发(≥8座)、钢琴弹奏表演区。

(3) 桑拿入口区需设置水吧、接待总台、等候休息区等。

(4) 定位具有江南园林建筑风格,并与四星级酒店相协调。

五、图纸内容及要求

根据《建筑装饰室内设计制图统一标准》(SHB 1-03-1)的要求绘制。设计图纸文件可以手工制作,也可以运用计算机辅助(CAD等软件)制作,其中手工制作部分≥30%(含一幅室内透视效果图)。

(1) 平面布置图1∶50,并标注相应说明。

(2) 顶面布置图1∶50,并标注相应说明。

(3) 主要立面图1∶30,并标注相应说明(每个空间不少于3幅,其中1幅为接待总台及吧台)。

(4) 室内效果图(每个空间不少于一幅,A4以上,彩色表现)。

(5) 方案设计说明(≥200字)、编制装饰材料表。

案例1:主题为有江南园林建筑风格的酒店大堂。

案例2:主题为有创意的公共建筑空间现代雕塑。

(2) 选择一个或多个相同类型的建筑空间,确定调研的重点内容与要求。

案例1:调研对象可选苏州园林——网师园,代表性空间——万春堂,如图6-1所示。

案例2:调研对象可选室外庭院雕塑,如图6-2所示;校园室内壁雕,如图6-3和图6-4所示;艺术展厅欧洲雕塑,如图6-5所示。

(3) 以小组或个人方式对确定的建筑空间进行实地调查。

(4) 在规定的时间内,通过了解、观察、速写记录等方式进行资料收集。

案例:速写记录如图6-6所示。

项目六　创意与表达

图 6-1　苏州园林——网师园万春堂

图 6-2　室外庭院雕塑

图 6-3　校园室内壁雕（一）

图 6-4　校园室内壁雕（二）

图 6-5　艺术展厅欧洲雕塑

（5）整理、提炼所收集的速写画稿资料。

（6）通过多媒体方式，分组对收集的速写画稿资料进行交流与分析，以增加感性认识，并获得体验与提高。

【学习支持】

一、表现种类

1. 铅笔画

铅笔画主要通过线条和线条组成的明暗调子表现物象，是艺术家收集创作素材，记录形象，进行生活速写和创作构思时最常用的表现形式。但铅笔画的艺术价值并不仅限于此，它那富于变化的线条和细腻的明暗层次，不但使铅笔画具有丰富的表现力，而且有独特的审美价值。做方案时常常用铅笔起稿后，再用水彩上色表现效果。有时用铅笔表现大理石的自然纹理，会出现一些意想不到的效果。

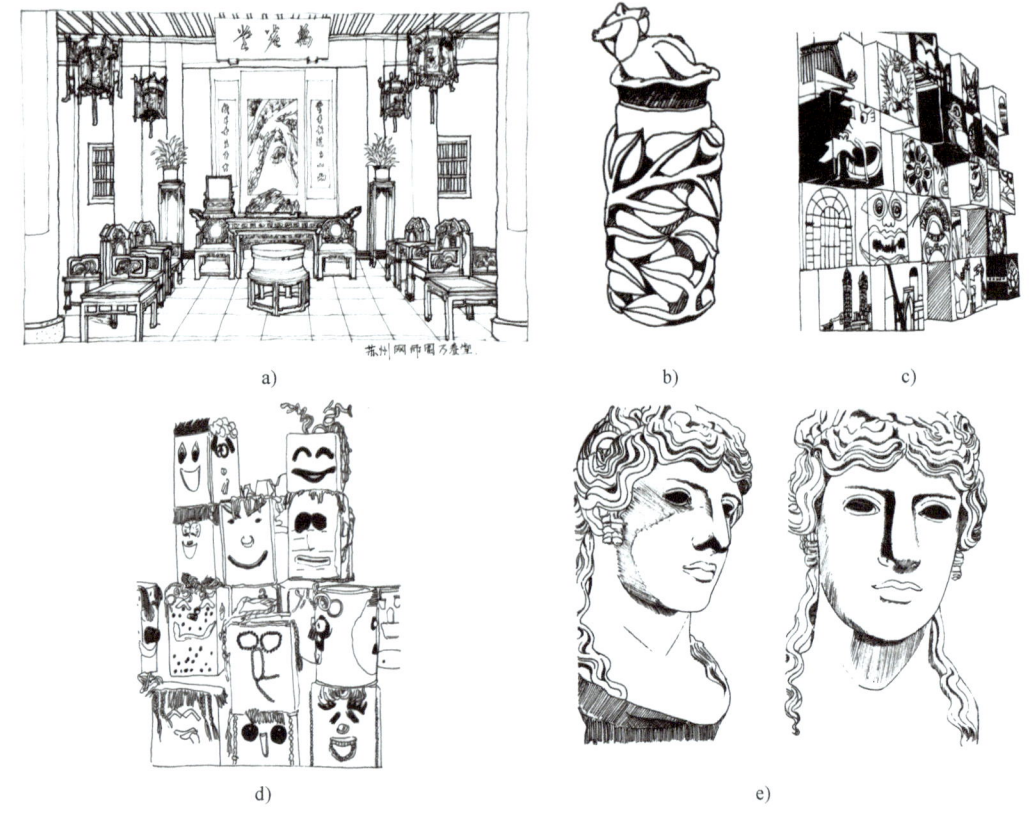

图 6-6　速写记录

2. 钢笔画

钢笔画属于素描的一种，在表现空间时，其分为线描法、影调法（即带有一定的阴影关系）和综合法，常常与水彩、马克笔和彩色铅笔结合应用。线描法的特点是以简洁、明确的线条勾勒形象的基本结构形态，不需复杂华丽的修饰和烘托。用这种画法必须做到"胸有成竹"，在心中把画面安排妥当、成熟后再落笔，抓住物体的本质结构，一气呵成。

影调法是通过刻画物体的明暗关系，强调其体积感和空间感的一种画图方法，它类似西方的素描。这种画法较白描画法显得更有重量感，容易抓住人的注意力。但是就表现而言，钢笔不像铅笔那样有轻重变化，它是靠线条的疏密变化来表现明暗关系的。

综合法是取前两种画法之长处，用单线勾画基本的形体结构，再适当加以排线表示阴影来刻画表现对象的立体感。

钢笔画主要是通过单色线条的变化和由线条的轻重疏密组成的黑白调子来表现物象的，其特点是用笔大胆肯定，线条刚劲流畅，黑白调子对比强烈，画面效果细致紧凑，对所表现空间的单体能做到细致入微地刻画，而且对所表现的大空间能进行高度的艺术概括，有着较强的造型能力。

在进行钢笔画绘画练习时，一般要注意以下几点：

第一，线条是画好钢笔画的关键所在，勾勒时应一气呵成，切忌犹豫不决。

第二，线条要虚实得当、松紧有序，它的组织排列要有规律。

第三，由于钢笔画不宜修改，所以在作画前要考虑成熟，下笔要肯定。

进行钢笔画绘画练习的线条，如图 6-7 所示。

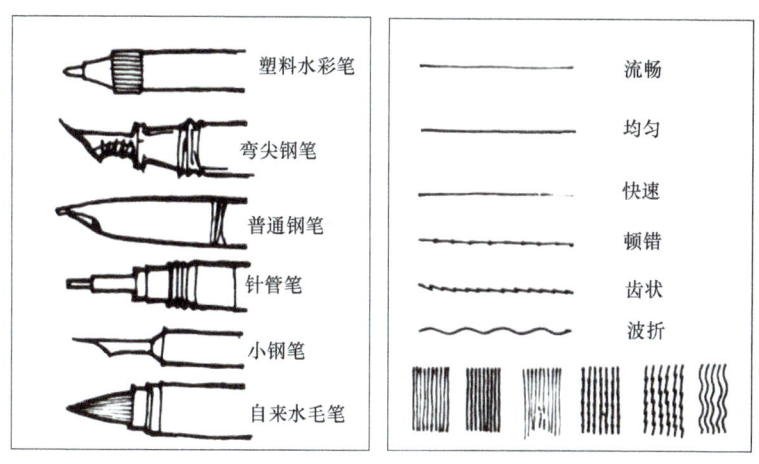

图 6-7　进行钢笔画绘画练习的线条

（1）针管笔线面结合技法，如图 6-8 所示。

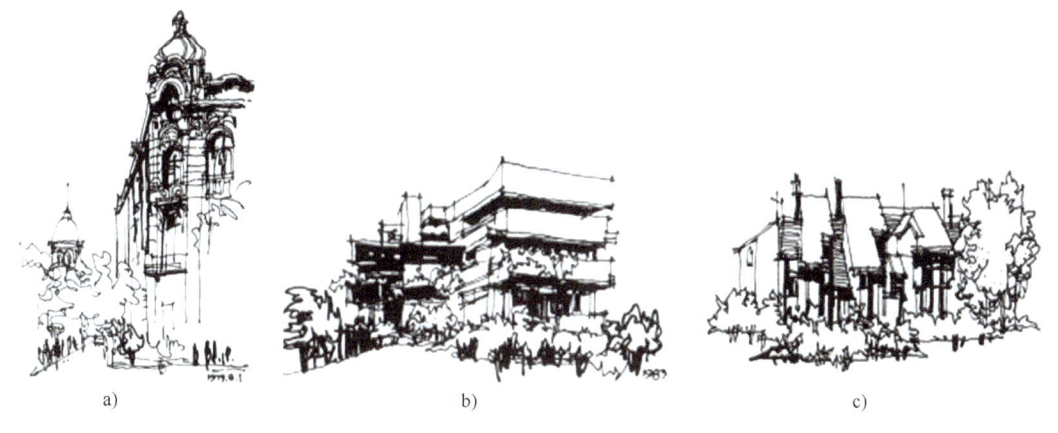

图 6-8　针管笔线面结合技法

（2）弯尖钢笔线面结合技法，如图 6-9 所示。

（3）签字笔线描技法，如图 6-10 所示。

二、表现中的实用方法

一幅好的钢笔画，要想表现生动，不仅仅要凭借自己的主观愿望去画，而且要尽可能地运用一些切实有效的方法。

1. 对比

对比是观察与表现的重要法则，由于室内外各种环境构成因素的不同，造成了不同的空间之间存有差异，进而出现对比。有对比当然就有协调，它们是对立统一的关系，可以站在美学的基础上去运用它们，在"对比中求和谐"，在"调和中求对比"。根据这个原则，来合

图 6-9　弯尖钢笔线面结合技法

图 6-10　签字笔线描技法

理地运用对比与统一，使表现图形成一种均衡的对比美。对比美在快速表现中的运用有多种，包括形状的对比、线条的对比、虚实的对比、明暗的对比。

(1) 形状的对比。形状对比是对比中最基本的一类，如圆与方的对比就属于这一类。这种对比包含了对称形与非对称形的对比、简单形与复杂形的对比及各类几何形之间的对比。

(2) 线条的对比及节奏感。对钢笔画来说，线条的松紧尤为重要。在真正绘图时，要处理好疏密关系，使线形之间的关系做到恰到好处的夸张，有益于空间的转换和空间层次的递进。所以，一幅好的手绘钢笔画中的勾线往往是松得洒脱，密得得当，形成一种生动的节奏。

(3) 虚实的对比。在一幅表现图中，不可能处处刻画得非常细致，因为那样的话，这幅图就没有重点，也就没有内容了。所以，画面虚实对比要处理得当，突出重点。对主体物要不惜笔墨，对非主体的东西要大胆地省略。只有这样，才能使表现图有中心思想，进而能够给人一种极强的视觉张力。

(4) 明暗的对比。在素描中，常常讲求明暗对比，通过影调使得表现对象的立体感强烈，结构鲜明、突出。而在室内表现图中的明暗对比，不仅是指物体受光后自身的明暗对比，更重要的是区域性的对比，如"黑衬白"或"白托黑"的形式就是这种区域性的对比。例如，在客厅的表现中，把沙发、茶几落在地毯上的投影有意识地加重，从而使沙发和茶几的造型得到突出和强调。可见，通过这种处理手法有利于使画面重点突出和拉大空间的层次，也易于使画面有一种强对比的效果。

2. 统一中的渐变

在平面构成中，不管是线条的渐变还是色彩上的渐变，均能产生一种和谐美和韵律美。所以，在室内空间的表现图中，渐变运用得当，也会形成一种和谐美，使空间显示出渐增和渐减的进深韵律，从而产生一种特殊的视觉效果。如从大到小的渐变、明与暗的渐变就是这一种类型。

（1）从大到小的渐变。从大到小的渐变是指基本形由小到大，或由大到小的渐变和空间的逐渐递增变化。当基本形在一种有秩序的情况下逐渐转小时，就会使人感到空间渐渐远离。这种有秩序的从大到小的渐变，能使画面有强烈的深远感和节奏感，起到一种良好的导向作用。

（2）明与暗的渐变。明与暗的渐变是指画面的明暗对比由强向弱逐渐转变，是一种虚实关系的转换。这种渐变的关系易于表现画面的主次和空间的深度，是表现中经常采用的塑造手法，因为它能强调表现内容的主次、虚实等效果，同时也能使画面产生韵律性的深度。

三、表现时构图的基本规律和形式

在绘图的过程中，恰当地运用书本上一些有效的经验和方法，会对画面起到事半功倍的效果。例如，单元格的多样同一性；线条要收放自如；画面内容和构图不宜过饱和；角度组织要合理，适当突出主体；处理好空间物体的前后遮挡关系等。

常见的几种构图形式，如图 6-11 和图 6-12 所示。

图 6-11　常见构图形式（一）

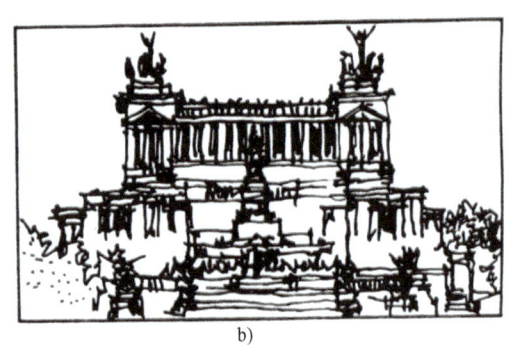

图 6-12 常见构图形式（二）

a) 均齐与平衡的构图 b) 整体均齐，局部平衡构图 c) 整体平衡，局部均齐构图

【知识拓展】

（1）建筑或室内空间的功能、所处的环境以及相应的装修标准各不相同，速写记录也应注意把握空间特点。居住类空间的基本功能是满足人们团聚交流、烹饪用餐、沐浴梳妆、睡眠休息、学习休闲、储存与家务等个人或家庭生活的多种需要，但因使用者的家庭构成、年龄、职业、生活习惯及兴趣爱好等各不相同，使各功能空间的组织、界面处理、家具与陈设布置也千差万别并各具特色，因此要注重记录空间中的创意设计亮点。公共建筑类空间（如办公、商业、娱乐、餐饮、展示等）的主要功能相对单一，空间特征明显，因此比较容易把握，但还应根据空间环境特征，注重记录个性化创意设计的亮点。

（2）根据空间功能要求与环境特征，可综合运用基础美术基本技能，但速写记录应突出某一造型的基本要素。当在现场空间环境中，由于受到时间、环境等因素制约时，也可以借助摄影、摄像等方式作为辅助记录手段，根据所采集的照片或视频资料，寻找有价值的设计素材并再用速写的方式将其绘制。

（3）作为一名从事设计的准专业人士应该随身携带速写本和绘图笔等记录工具，在生活中随时记录建筑空间装饰设计素材，学会在生活过程中学习并关注各种体验，只有具备了良好的职业素养，才能发掘自我的创造能力，因为创意源于对生活的热爱。

【课外活动】

确定一种建筑装饰装修及室内设计项目的空间类型、功能要求、环境特征及装修标准，自主选择一个与任务要求相符的建筑空间，并赴建筑空间实地以速写方式绘制能体现环境特征的装饰设计界面处理及细部造型的画稿，画幅规格、绘制纸张、工具自定。

风格提示：
1）中国传统风格；
2）欧式古典风格。

学习情境2　资料拷贝

【情境描述】

具有一定的绘画能力是从事建筑装饰与室内设计工作的一项基本要求，在建筑装饰或室内设计项目调研、资料收集的过程中，速写记录常常运用在建筑空间实地，完成建筑装饰与室内设计项目素材的采集与提炼，而资料拷贝则是设计师在相关专业资料中提取有价值素材的另一项基本技能，下面通过各类建筑装饰及室内设计项目的资料拷贝，学习方案创意设计资料的收集。

【任务实施】

（1）根据建筑装饰及室内设计项目任务书的要求，确定空间类型、功能要求、环境特征及装修标准。

（2）确定调研重点内容与要求，选择一本或多本相同类型的专业设计资料。

案例1：调研重点为后现代主义风格的公共建筑空间有创意设计的顶棚。

案例2：调研重点为公共建筑现代钢楼梯、大理石铺地拼花。

（3）以小组或个人方式，在专业设计资料中确定需拷贝的资料内容。

案例1：在专业杂志《室内设计与装修》中，选择西班牙马德里新航站楼机场候机大厅，如图6-13所示；武汉东湖宾馆"南山甲所"接待大厅，如图6-14所示；海上会馆——2005年冰裂空间，如图6-15所示，海上会馆——2005年冰裂空间顶棚，如图6-16所示。

案例2：在专业杂志《室内设计与装修》中，选择上海师范大学"设计工厂"钢梯，如图6-17所示；德国纽伦堡市圣玛利亚大教堂音乐厅入口大厅楼梯，如图6-18所示。在专业资料《装修设计实用资料大全》中，选择某展示空间古典风格的大理石拼花，如图6-19所示；某酒吧后现代主义风格大理石铺地，如图6-20所示。

（4）在规定的时间内，通过拷贝方式进行资料收集。常用线描拷贝方式绘制资料中的主要内容，以突出重点。

案例1：后现代主义风格的大空间顶棚，如图6-21所示。

案例2：公共建筑现代钢楼梯如图6-22所示，大理石铺地拼花如图6-23所示。

（5）整理、提炼所收集的拷贝画稿。

图 6-13 西班牙马德里新航站楼机场候机大厅

图 6-14 武汉东湖宾馆"南山甲所"接待大厅

a)　　　　　　　　　　　　　　b)

图 6-15 海上会馆——2005 年冰裂空间　　　图 6-16 海上会馆——2005 年冰裂空间顶棚

图 6-17 上海师范大学"设计工厂"钢梯

图 6-18 德国纽伦堡市圣玛利亚大教堂音乐厅入口大厅楼梯

图 6-19 古典风格大理石拼花

图 6-20 大理石铺地

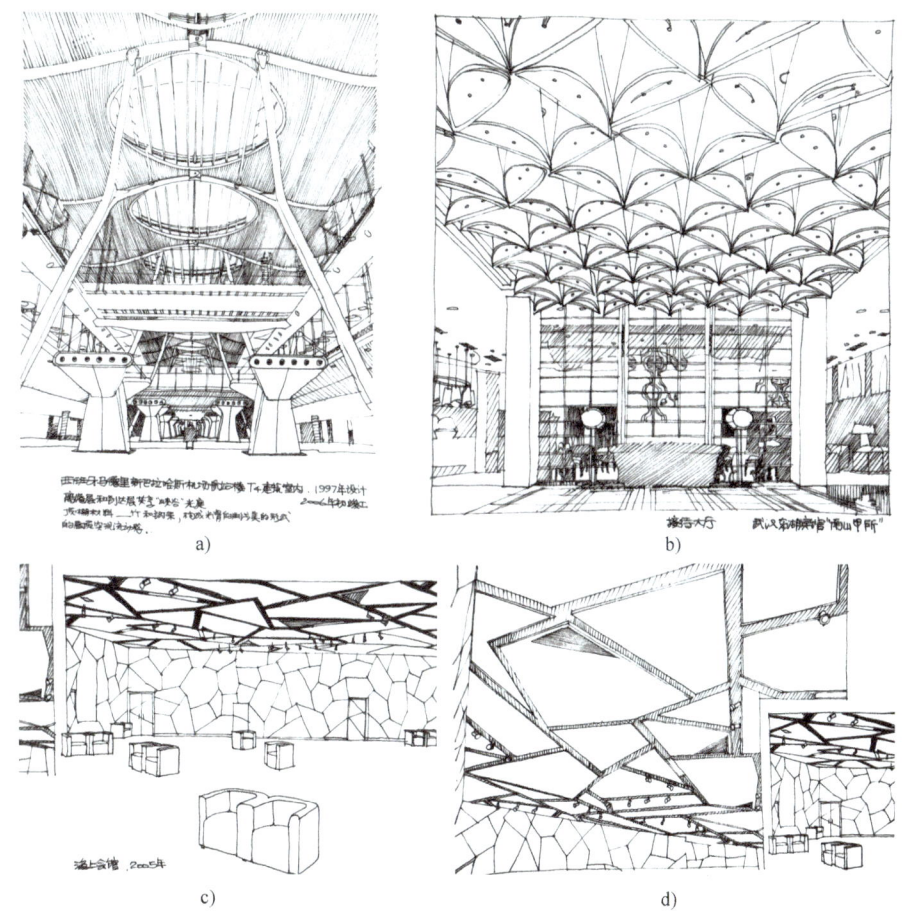

图 6-21 后现代主义风格的大空间顶棚

（6）通过多媒体方式，分组对收集的拷贝画稿资料进行交流与分析，以增加感性认识，并获得体验与提高。

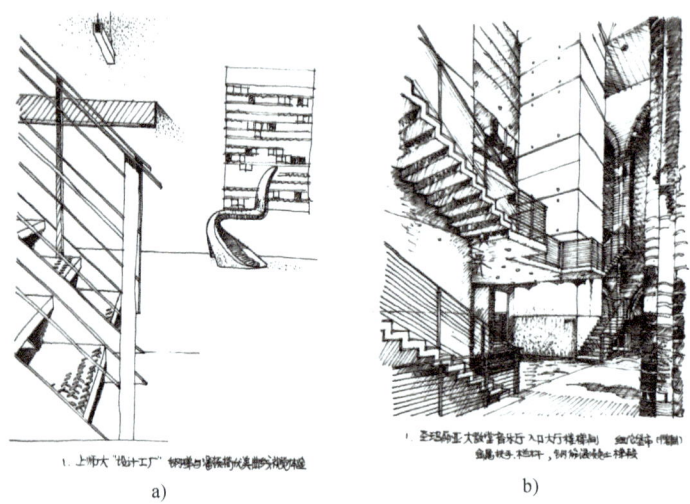

图 6-22 现代钢楼梯

图 6-23 大理石铺地拼花

【学习支持】

(1) 拷贝方法，如图 6-24 和图 6-25 所示。

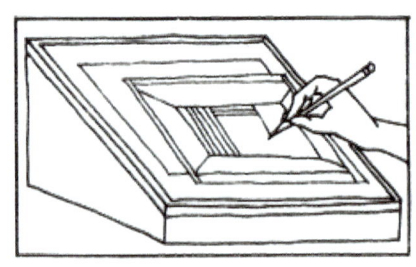

图 6-24 直接在拷贝台上描拓

图 6-25 将描拓的图纸装裱在图板上

(2) 反向绘制底稿法，如图 6-26～图 6-29 所示。
(3) 软铅描涂法，如图 6-30～图 6-32 所示。

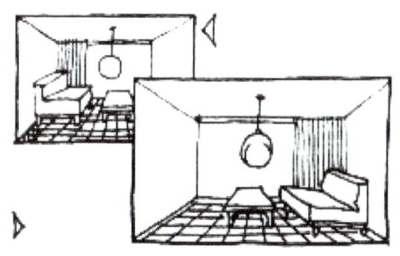

图6-26 用HB铅笔在描图纸或拷贝纸上绘制相反的透视图

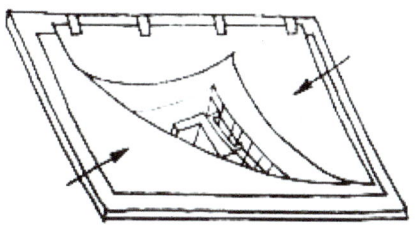

图6-27 用胶条将画好的拷贝纸反贴在正式的图纸面（铅笔痕迹面向图板）

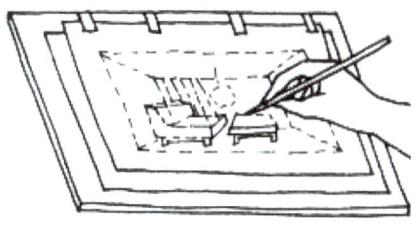

图6-28 用硬铅笔（3H以上）描拓轮廓线

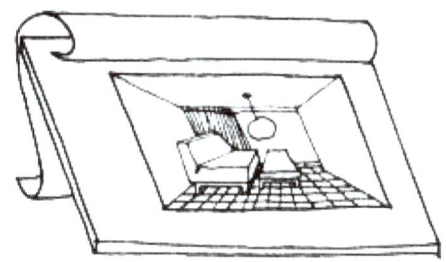

图6-29 图纸上呈现出所需方向的透视图稿

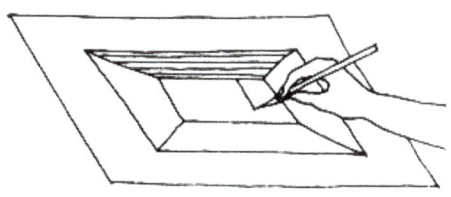

图6-30 在描图纸或绘图纸上绘制底稿

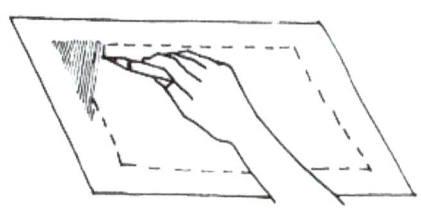

图6-31 用软铅笔在画稿背面涂抹

【知识拓展】

（1）建筑或室内空间的功能、所处的环境以及相应的装修标准各不相同，资料拷贝也应注意把握空间特点。居住类空间的基本功能是满足人们团聚交流、烹饪用餐、沐浴梳妆、睡眠休息、学习休闲、储存与家务等个人或家庭生活的多种需要，但因使用者的家庭构成、年龄、职业、生活习惯及兴趣爱好等各不相同，使各功能空间

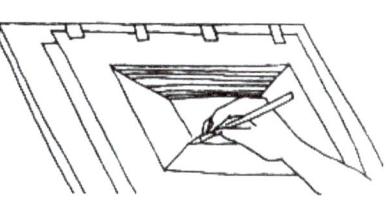

图6-32 翻过来描拓于图纸上

的组织、界面处理、家具与陈设布置也千差万别并各具特色，因此要注重记录空间中的创意设计亮点。公共建筑类空间（如办公、商业、娱乐、餐饮、展示等）的主要功能相对单一，空间特征明显，因此比较容易把握，但还应根据空间环境特征，注重记录个性化创意设计的亮点。

（2）根据被拷贝资料纸张的基本特征或方案设计需要合理运用拷贝方法。直接在拷贝台上描拓适合于纸张较薄的原稿资料，反向绘制底稿法适用于原稿为铅笔或碳棒绘制的作品，软铅描涂法适合于将方案资料草稿拷贝到设计方案正稿上。此外，当原稿资料纸张较厚且不透明时，拷贝用纸宜采用厚度较薄、透明度较好的纸张，如描图纸（硫酸纸）进行拷贝绘图。

（3）在进行资料拷贝前要了解所收集的建筑空间装饰设计素材特点，学会理解设计作品资料的内涵，明确资料拷贝的重点，并合理运用拷贝方法进行绘制，这样才能收集到有价值的方案设计资料。

【课外活动】

请根据室内设计师提供的室内设计项目任务书的要求及平面布置图（如图4-23所示），按下述两种建筑装饰设计风格要求，为此居住空间的方案设计收集设计资料，并对选定的资料内容进行拷贝，画稿的纸张、规格自定。

风格提示：

1）中国传统风格；

2）欧式古典风格。

学习情境3　手绘方案图

【情境描述】

在建筑装饰与室内设计的方案图绘制时，需要设计师具有一定的手工绘图表达能力，而这一项基本技能离不开美术、平面构成、立体构成、色彩构成、建筑制图等基础知识。因此，在完成建筑装饰或室内设计项目中各类室内空间手绘方案图之前，首先要认识与掌握美术、平面构成、立体构成、色彩构成、建筑制图等基础知识，才能在项目中结合专业设计原理熟练掌握方案图的绘制。下面通过各类建筑装饰及室内设计项目，学习手绘方案图的创意设计。

【任务实施】

（1）根据建筑装饰及室内设计项目方案图及绘图要求，确定手绘方案图数量。如住宅方案设计快速表现，常绘制平面布置图、顶面布置图、客厅主要立面图等，如图6-33～图6-35所示。

（2）根据手绘方案图的数量，以小组或个人方式，拟订绘图计划。

（3）根据方案设计文件的内容与要求，选择手绘表现方案。

方案设计中常用的手绘表现方法有彩色铅笔表现、马克笔表现、线描等。用彩色铅笔与马克笔综合表现的复地上海花园广场样板房（F3-1户型）平面布置方案图，如图6-36所示。用彩色铅笔表现的清远丁香花园大酒店大堂和客房的效果图，如图6-37和图6-38所示。用线描表现的清远丁香花园大酒店小会议室和大堂吧的效果图，如图6-39和图6-40所示。

（4）在规定的时间内，通过手工方式进行方案图绘制。

（5）整理、调整手绘方案图并按方案图文件编制要求编排图样。

（6）通过多媒体方式，分组将手绘方案图进行交流与分析，以增加感性认识，并获得体

项目六 创意与表达

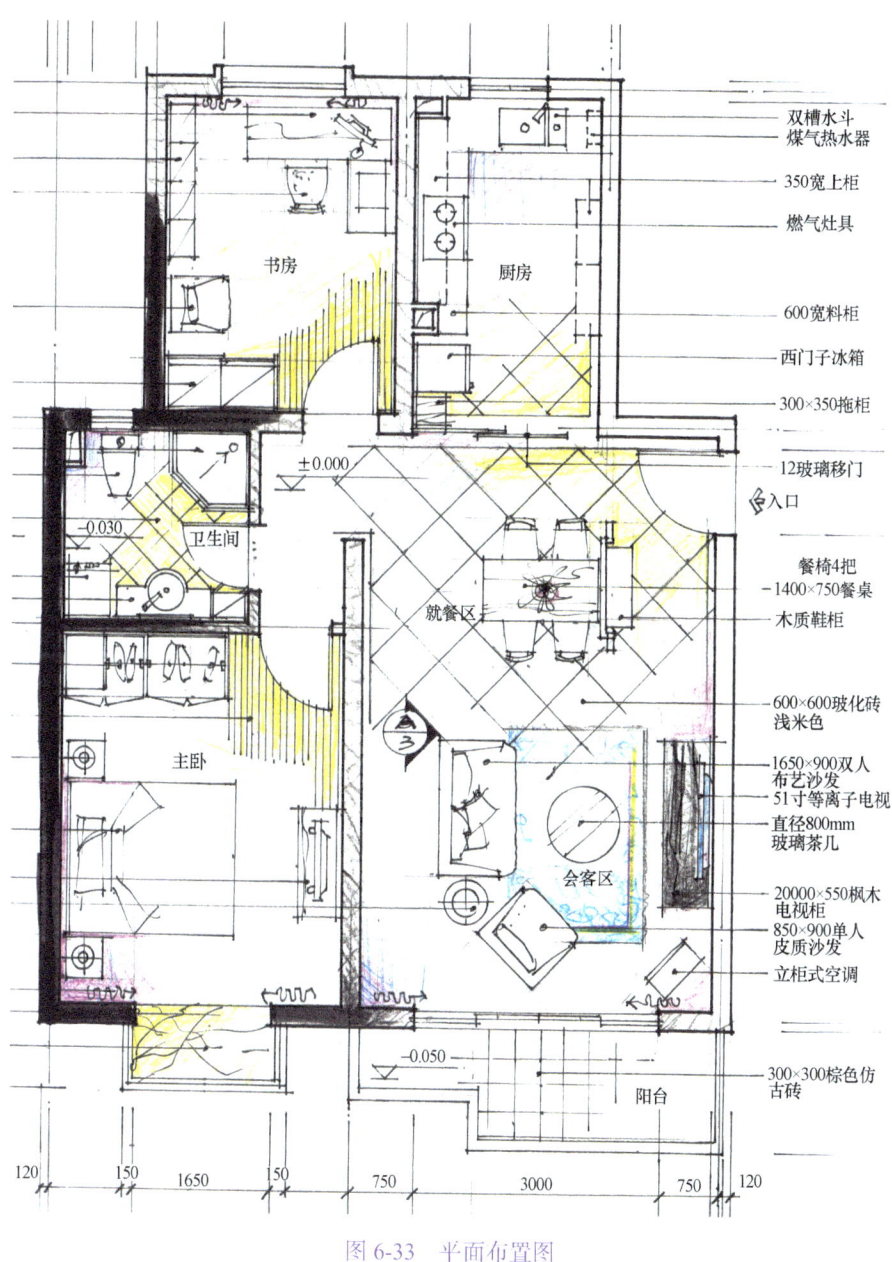

图 6-33 平面布置图

验与提高。

【学习支持】

一、方案设计图绘制方法与要求

1. 平面图绘制

（1）根据给定的条件图（建筑平面图），先计算房型开间、进深总尺寸。

（2）按绘制比例要求，平面图总尺寸大小合理地在图上排布。

（3）绘制平面图方向应为上北下南。

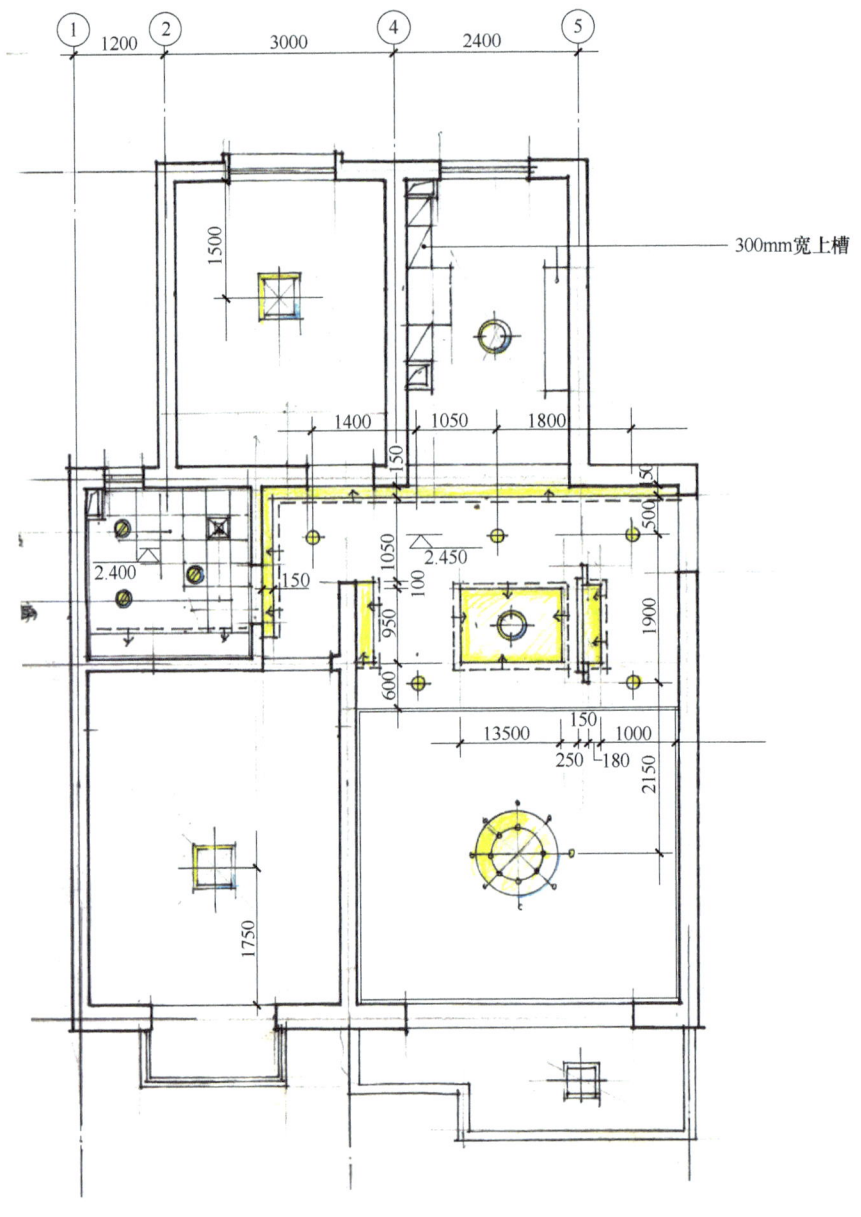

图 6-34 顶面布置图

(4) 先绘制纵向轴线、横向轴线，再绘制墙厚、柱形，接着确定门窗洞口的位置，最后绘制设备等形状位置。

(5) 绘制时先不区分线型（上墨时再区分线型），只确定比例与位置；也不要上墨线，但可以把多余的辅助线擦去。

(6) 平面布置图与顶面布置图可同步放样（比例相同的情况下），以提高绘制效率。

(7) 合理使用绘图工具，图板、丁字尺（一字尺）与三角板要配合使用，以保证图样的准确性，并提高绘制效率。

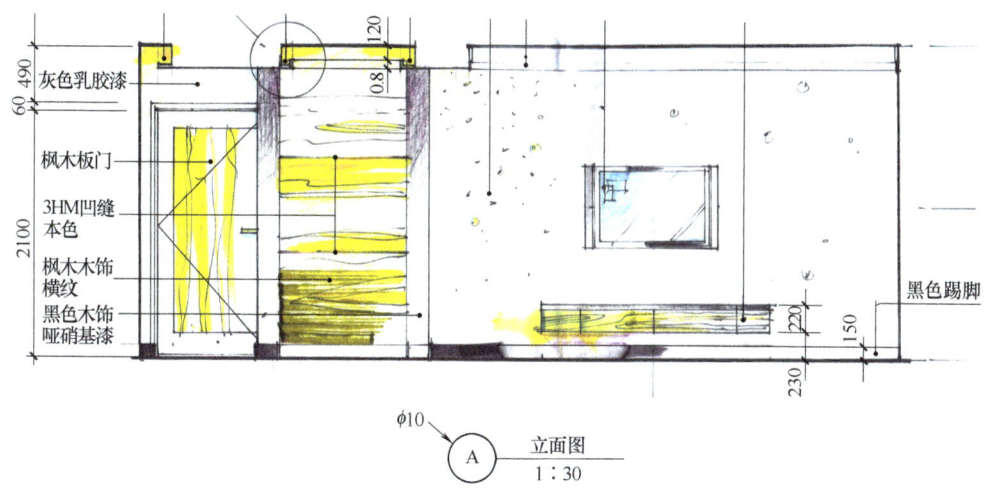

图 6-35　客厅主要立面图

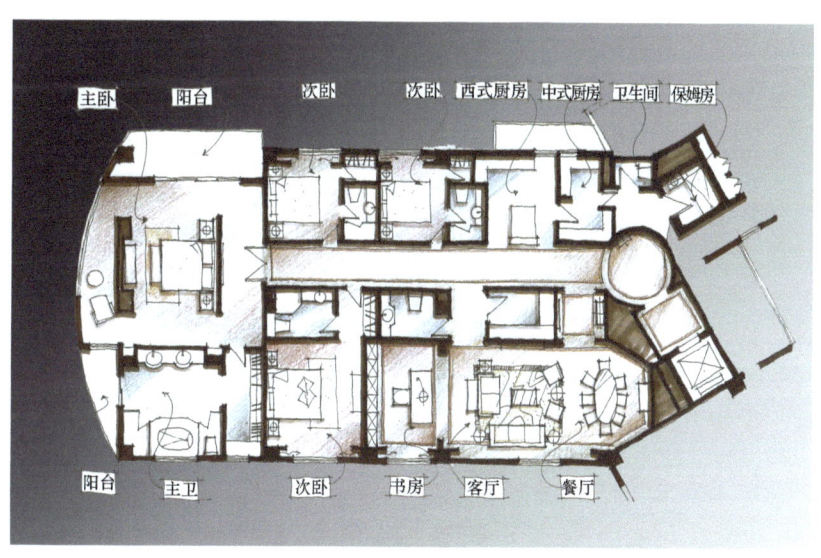

图 6-36　复地上海花园广场样板房（F3-1 户型）平面布置方案图

2. 立面图绘制

（1）根据已有平面布置图，确定绘制立面图，宜绘制反映内容较全或设计重点区域的立面。

（2）应从主要空间开始依次绘制次要空间、辅助空间，并在平面图上的相应空间，按顺时针方向，从北或东开始依次编号并标注立面索引符号。

（3）绘制立面图时，水平尺寸可根据平面图投影量取（在比例相同时不需要再用尺量取），高度（标高）应根据顶面布置图标高量取。

（4）立面图一般从地面开始绘制到吊顶底标高位置即可，也可绘出吊顶部分，至原有楼层（盖）结构梁、板底面，以反映吊顶造型。

3. 图样表达

（1）要合理运用不同线型区别图中建筑构造、构件轮廓线，室内构造、构件与陈设轮

图6-37　清远丁香花园大酒店大堂

图6-38　清远丁香花园大酒店客房

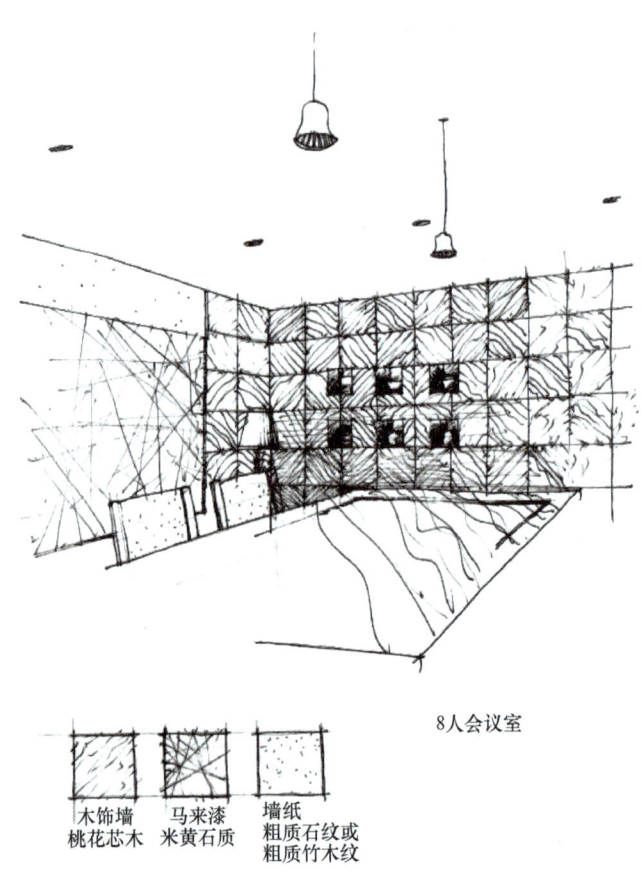

8人会议室

木饰墙　马来漆　墙纸
桃花芯木　米黄石质　粗质石纹或
　　　　　　　　　粗质竹木纹

图6-39　清远丁香花园大酒店小会议室

廊线。

（2）线型主要有粗线、中粗线和细线。

1）粗线（b）：①平面图，建筑构造（包括配件）轮廓线（主要构造，如墙、柱等）。②立面图，外轮廓线（地面线为特粗线 $1.4b$）。

2）中粗线（$0.5b$）：①平面图，建筑次要构造（包括配件）轮廓线（如烟道、门、窗等）。②立面图，建筑构配件轮廓线，装饰构造、陈设等轮廓线。

图 6-40　清远丁香花园大酒店大堂吧

3）细线（$0.25b$）：用于小于 $0.5b$ 的图形轮廓线、尺寸线、尺寸界线、图例线、引出线、索引符号、标高符号等。

（3）线型搭接。宜相交不宜分离，点画线、虚线或其他线型相交时应是线段相交。虚线、点画线的线段长度和间隔宜各自相等；点画线、双点画线不应是点。

（4）在同一张图样内，相同比例的各图样，应选用相同线宽组。

（5）图线不得与文字、数字或符号重叠、混淆，不可避免时应首先保证文字的清晰。字高：汉字≥3.5mm，数字≥2.5mm，笔画一般为字宽的 1/10，窄字宽为 1/14 字高。

（6）轮廓线型要清晰，先绘制结构轮廓，再绘制图例（如墙为钢筋混凝土时可涂黑，不可用马克笔直接涂）。

（7）建筑结构（构造）轮廓一定要用工具绘制，包括平面、顶面布置图中的造型、设施、陈设等，部分装饰物、材质纹样可徒手绘制。

（8）图样必须上墨线，上色可根据需要而定。

二、《家居住宅室内设计文件编制深度规定》摘要（SHB 1-03-2）

（1）方案设计。方案设计阶段，装饰装修专业设计文件应包括以下内容：

① 设计说明书。

② 设计图样。

③ 主要空间的透视图。

④ 家居住宅室内装饰装修材料表（或附材料样板）。

⑤ 投资估算。

（2）设计说明书。

① 设计依据及设计要求。

② 有关部门的项目设计任务书。

③ 建筑设计文件。

④ 业主（客户）签发的设计委托书及使用要求。

⑤ 可作为设计依据的其他有关文件。

（3）方案设计所依据的各类规范和技术标准，如建筑类别、防火等级、装修标准等。

(4) 设计构思和方案特点。设计构思和方案特点包括装饰风格格调、功能分区、交通流线、防火与安全、通风采光、室内空间处理。

(5) 关于电气、灯光设备装置及节能等措施方面的必要说明。

(6) 设计图样应有的内容如下：

1) 室内平面布置图。

① 原住宅平面的轴线尺寸或开间、进深尺寸及实测图。

② 各使用空间的名称与面积和局部调整的室内布置。

③ 要反映出入户口位置。

④ 要反映出结构受力体系中承重墙、剪力墙、柱等位置关系。

⑤ 注明地面的标高关系。

⑥ 立面展开图的位置及编号。

2) 室内平顶布置图。

① 各平顶的轴线尺寸或开间、进深尺寸。

② 各使用空间的名称和平顶电气、灯光照明设施布置。

③ 注明平顶的材料名称及标高关系。

3) 地坪布置图。

① 各使用空间的名称和地坪布置。

② 注明地坪的材料名称及标高关系。

4) 剖立面展开图。

① 注明墙面材料的名称及高度尺寸、标高。

② 注明设备设施、电气开关插座数量、位置、规格、尺寸等。

5) 套内主要空间的透视图。依据室内工程设计确定主要房间（如起居室、卧室等）的空间风格、格调、色调、数量和表现手法。

6) 列出住宅室内建筑装修材料表及设备材料表，必要时附实物样板。

7) 投资估算。

① 方案设计阶段，投资估算文件包括投资估算的编制说明、投资估算表及主要材料表和面积一览表。

② 投资估算编制说明应包括编制依据、投资估算表和主要材料表。

编制内容可参照国家和本地区有关装修工程概预算文件。主要材料表要注明主要材料参考品牌、材质、规格及人工消耗量、人工费。

三、手工绘制方案设计图表现类型

(1) 绘图笔上墨线。方案图以绘图工具与徒手相结合，全部用墨线笔绘制。

(2) 绘图笔与淡彩。方案图以绘图工具与徒手相结合，用墨线笔与水彩综合表现绘制。

(3) 绘图笔与彩色铅笔。方案图以绘图工具与徒手相结合，用墨线笔与彩色铅笔综合表现绘制。

(4) 综合表现。方案图以绘图工具与徒手相结合，用墨线笔、水彩与彩色铅笔等综合表现绘制。

【知识拓展】

（1）建筑或室内空间的功能、所处的环境以及相应的装修标准各不相同，方案设计各具特色，手绘方案图绘制也应体现空间特点。居住类空间面积相对较小，公共建筑类空间如办公、商业、娱乐、餐饮、展示等，空间特征明显，因此手绘方案图除要满足基本图样表达要求外，还应根据空间环境特征，注重体现个性化创意设计。

（2）根据项目方案图及绘图要求，可综合运用平面构成、色彩构成等设计原理，选择合理的手绘表现方案，但应突出某一基本表现方法，并注重手绘方案图的整体统一与协调。

（3）要注重借鉴成功的建筑空间装饰设计手绘表现案例，学会在绘图过程中学习并关注各种体验，发掘自我的创造能力。

（4）手工绘制室内装饰设计方案图制图要点。

① 熟悉图样线型及用途。

② 图样及说明的汉字应采用长仿宋体，并符合书写字高的规定。

③ 绘图所用比例应根据图样的用途与复杂程度合理选用，并正确使用比例尺。

④ 在建筑装饰平面图中，索引室内立面符号，应由直径为 10mm 的圆形及注视方向三角深色图形组成，如图 6-41 所示。

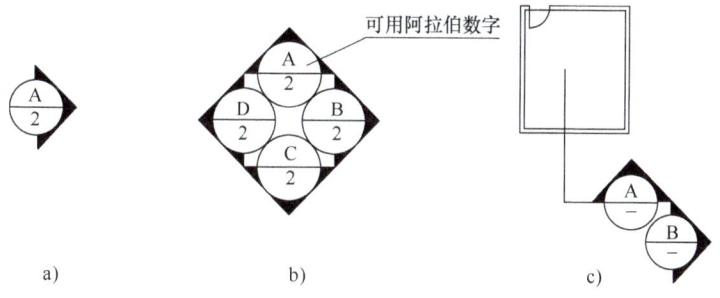

图 6-41　索引室内立面符号

a）单一立面索引　b）四个立面索引　c）立面索引

引出线应以细实线绘制，宜采用水平方向的直线、与水平方向成 30°、45°、60°、90°的直线，或经上述角度再折为水平线，如图 6-42 所示。指北针的形状其圆的直径宜为 24mm，用细实线绘制，指针尾部的宽度为 3mm，指针头部应注"北"或"N"字，如图 6-43 所示。

⑤ 定位轴线一般应编号，编号应注写在轴线端部的圆内。圆应用细实线绘制，直径为 8～10mm。定位轴线圆的圆心，应在定位轴线的延长线上或延长线的折线上。

⑥ 建筑装饰装修材料常用图例参见样图（见图 6-44），应规范绘制。

⑦ 图样上的尺寸包括尺寸界线、尺寸线、尺寸起止符号和尺寸数字，如图 6-45 所示。

尺寸界线应用细实线绘制，一般应与被注长度垂直，其一端应离开图样轮廓线不小于 2mm，另一端宜超出尺寸线 2～3mm。

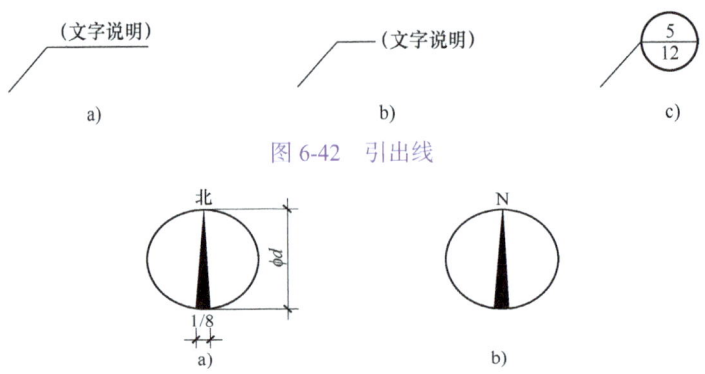

图 6-42　引出线

图 6-43　指北针

a) 用于一般工程　b) 用于涉外工程

序号	名称	图例	备注
1	自然土壤		包括各种自然土壤
2	夯实土壤		
3	砂、灰土		靠近轮廓线绘较密的点
4	砂砾石、碎砖三合土	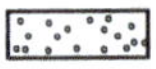	包括各种自然土壤
5	天然石材		应注明大理石或花岗石及光洁度
6	毛石		应注明石料块面大小及品种
7	普通砖		包括实心砖、多孔砖砌块等砌体。断面较窄不易绘出图例线时，可涂红
8	耐灾砖		包括耐酸砖等砌体
9	空心砖		指非承重砖砌体
10	混凝土	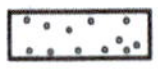	1.本图例指能承重的混凝土及钢筋混凝土 2.包括各种强度等级、骨料、添加剂的混凝土 3.在剖面图上画出钢筋时，不画图例线 4.断面图形小，不易画出图例线时，可涂黑
11	钢盘混凝土		
12	焦渣、矿渣		
13	多孔材料		包括实心砖水泥珍珠岩、沥青珍珠岩、泡沫混凝土、非承重加气混凝土、软木、蛭石制品等
14	饰面砖		注明釉面砖或同质面转规格尺寸
15	纤维材料		包括矿棉、岩棉、玻璃棉、麻丝、木丝板、纤维板等
16	松散材料		注明材料名称
17	金属	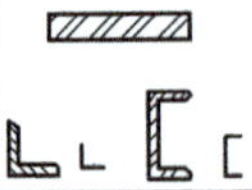	1.包括各种金属 2.图形小时，可涂黑
18	木材	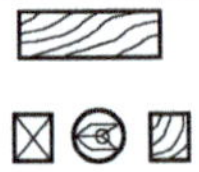	1.上图为纵断面 2.下图为横断面，下左图为垫木、木砖或木龙骨

a)

图 6-44　建筑装饰装修材料常用图例

19	胶合板		应注明为x层胶合板，材种
20	细木工板		应注明厚度
21	中密度板		应注明厚度
22	石膏板		包括圆孔、方孔石膏板、防水石膏板等。注明厚度
23	轻钢龙骨纸面石膏板		注明系列，石膏板厚度，中有填充材料，注明质地厚度。若是圆弧形，注明圆弧半径
24	网状材料		包括金属、塑料网状材料 应注明具体材料名称
25	液体		应注明具体液体名称
26	玻璃		包括平面玻璃、磨砂玻璃、夹丝玻璃、钢化玻璃、中空玻璃、夹层玻璃、镀膜玻璃等，注明厚度
27	橡胶		注明天然或人造橡胶
28	塑料		包括各种软、硬塑料及有机玻璃等，注明厚度
29	泡沫塑料材料		包括聚苯乙烯、聚氨酯等多孔聚合物类材料
30	防水材料		构造层次多或比例大时，采用上面的图例
31	粉刷		本图例采用较稀的点
32	窗帘		箭头所示为开启方向

a)

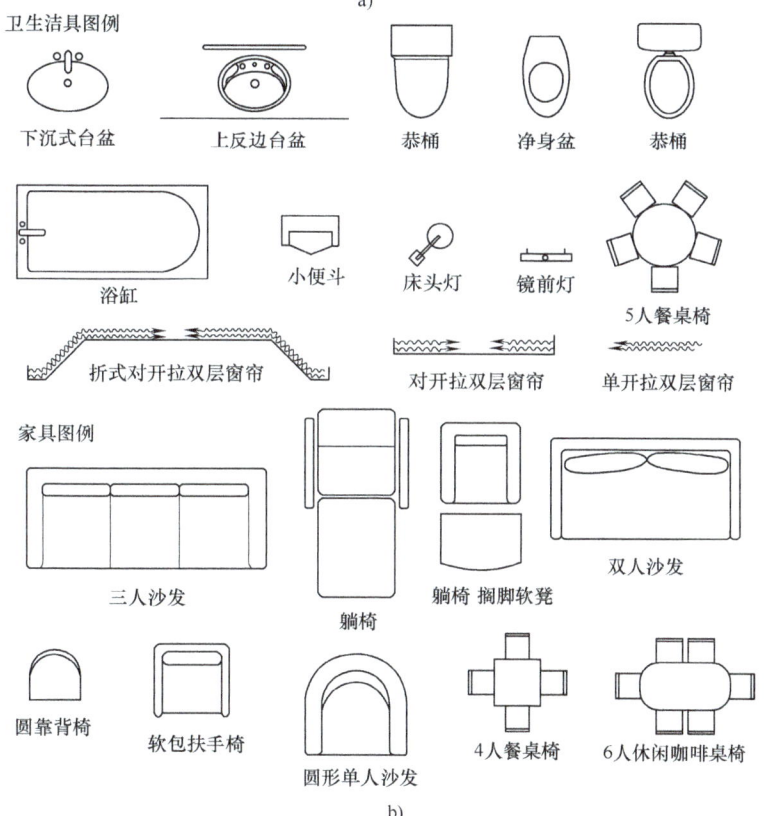

b)

图 6-44　建筑装饰装修材料常用图例（续）

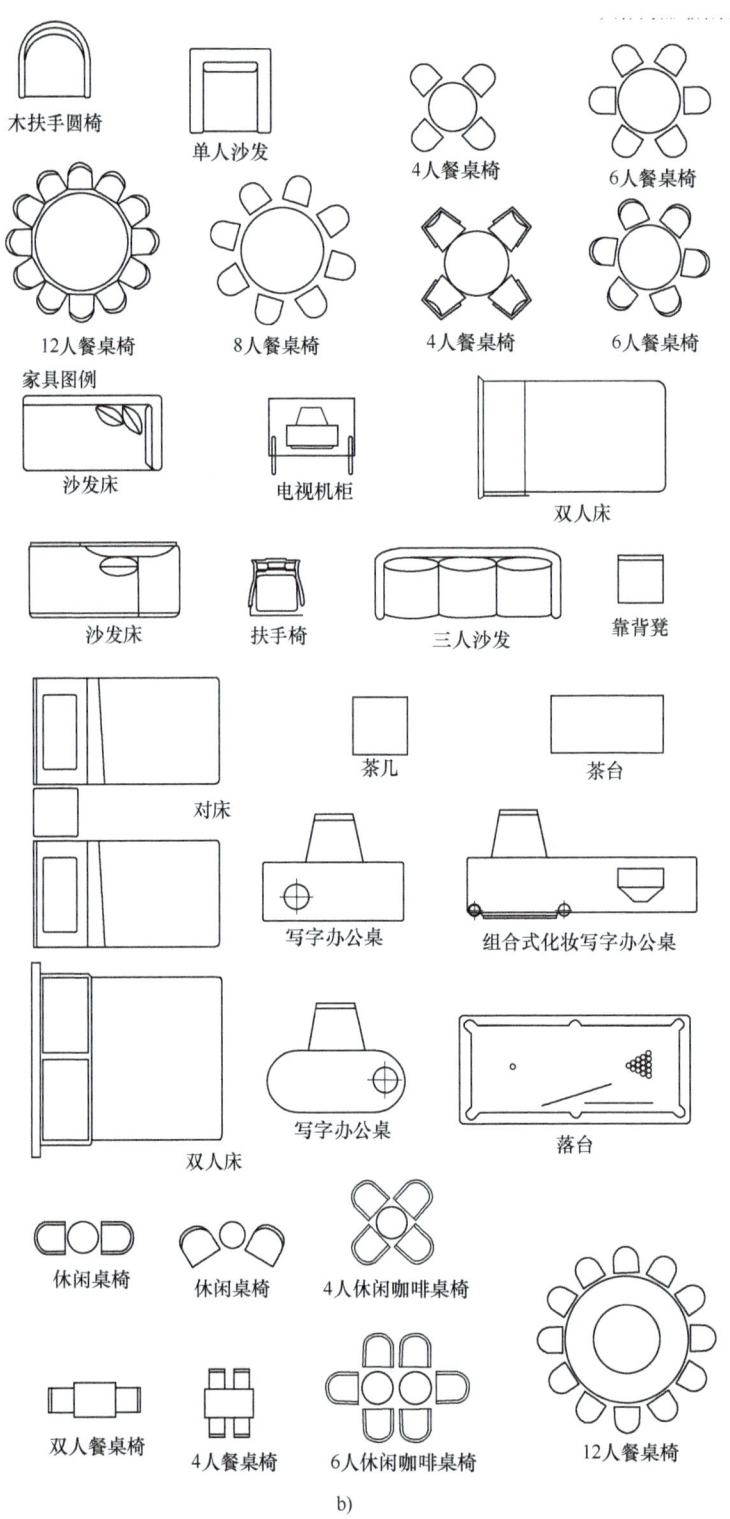

b)

图 6-44 建筑装饰装修材料常用图例（续）
a）常用建筑装修材料图例 b）常用卫生洁具家具图例

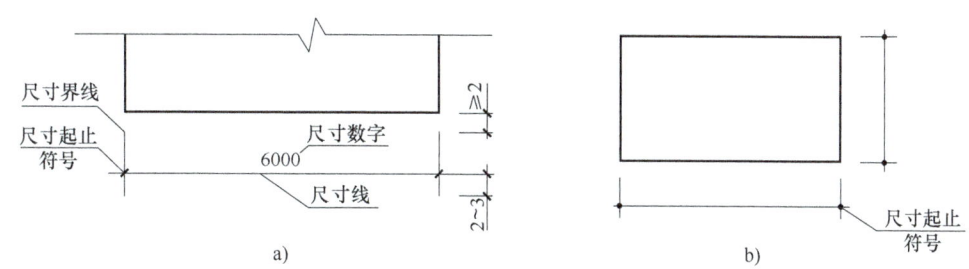

图 6-45 图样上的尺寸

尺寸线应用细实线绘制，应与被注长度平行。图样本身的任何图线均不得用作尺寸线。

尺寸起止符号一般应用中粗斜短线绘制，其倾斜方向应与尺寸界线同一方向成顺时针 45°角，长度为 2～3mm。

图样上的尺寸单位，除标高及总平面以 m 为单位外，其他必须以 mm 为单位。

图样轮廓线以外的尺寸线距图样最外轮廓之间的距离，不宜小于 10mm。平行排列的尺寸线的间距宜为 7～10mm，并应保持一致，如图 6-45 所示。

标高符号应以直角等腰三角形表示，用细实线绘制，标高数字应以 m 为单位，注写到小数点后第三位，如图 6-46 所示。标高符号的尖端，应指至被注的高度。地面标高尖端向下，平顶标高尖端向上，如图 6-47 所示。

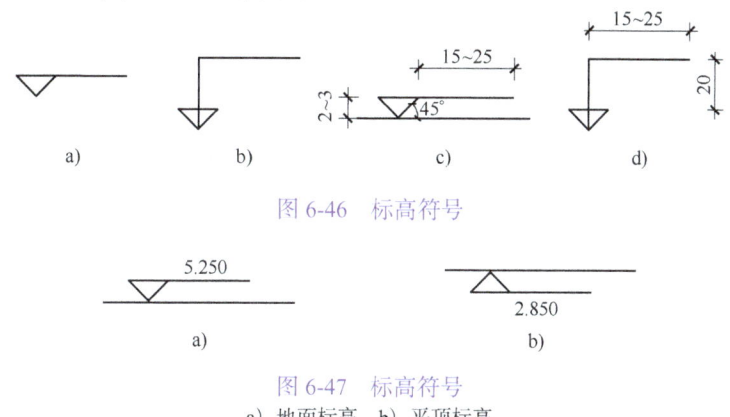

图 6-46 标高符号

图 6-47 标高符号
a）地面标高 b）平顶标高

【课外活动】

请手工绘制给定的住宅设计方案图，条件图如图 6-48 所示，平面图如图 6-49 所示，顶面图如图 6-50 所示，立面图如图 6-51 所示。方案表现方法自定。

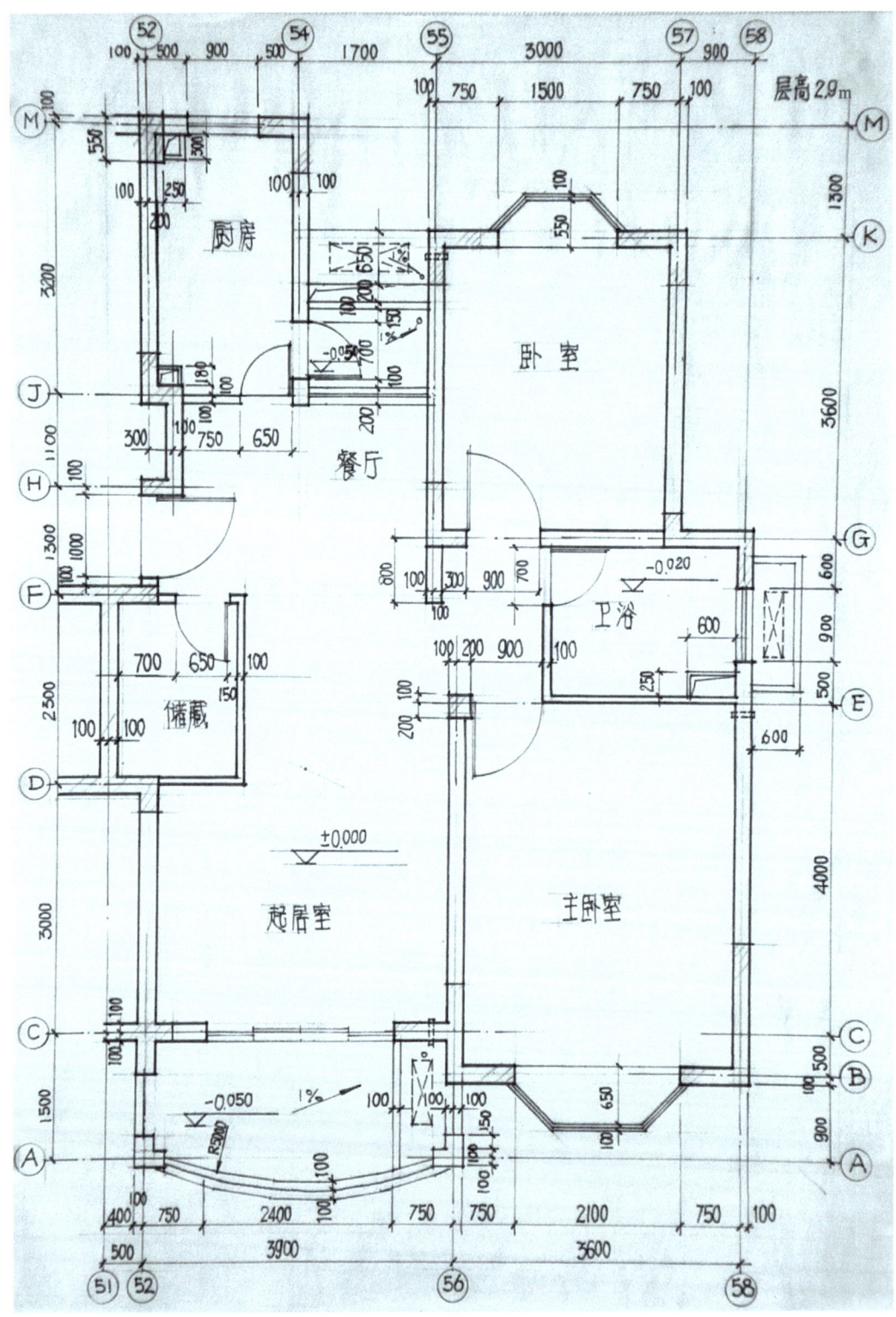

图 6-48　条件图

●●●● 项目六 创意与表达

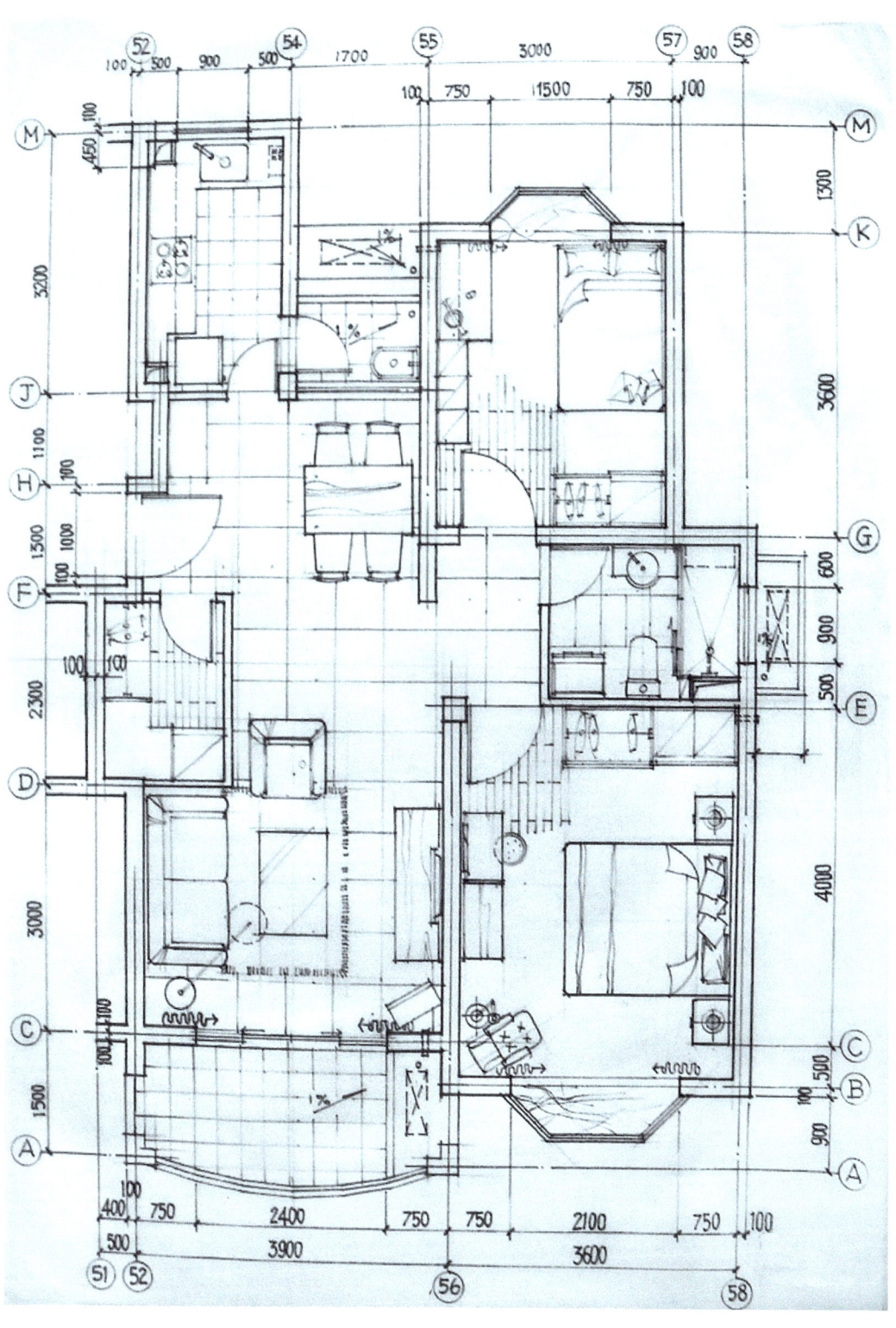

图 6-49 平面图

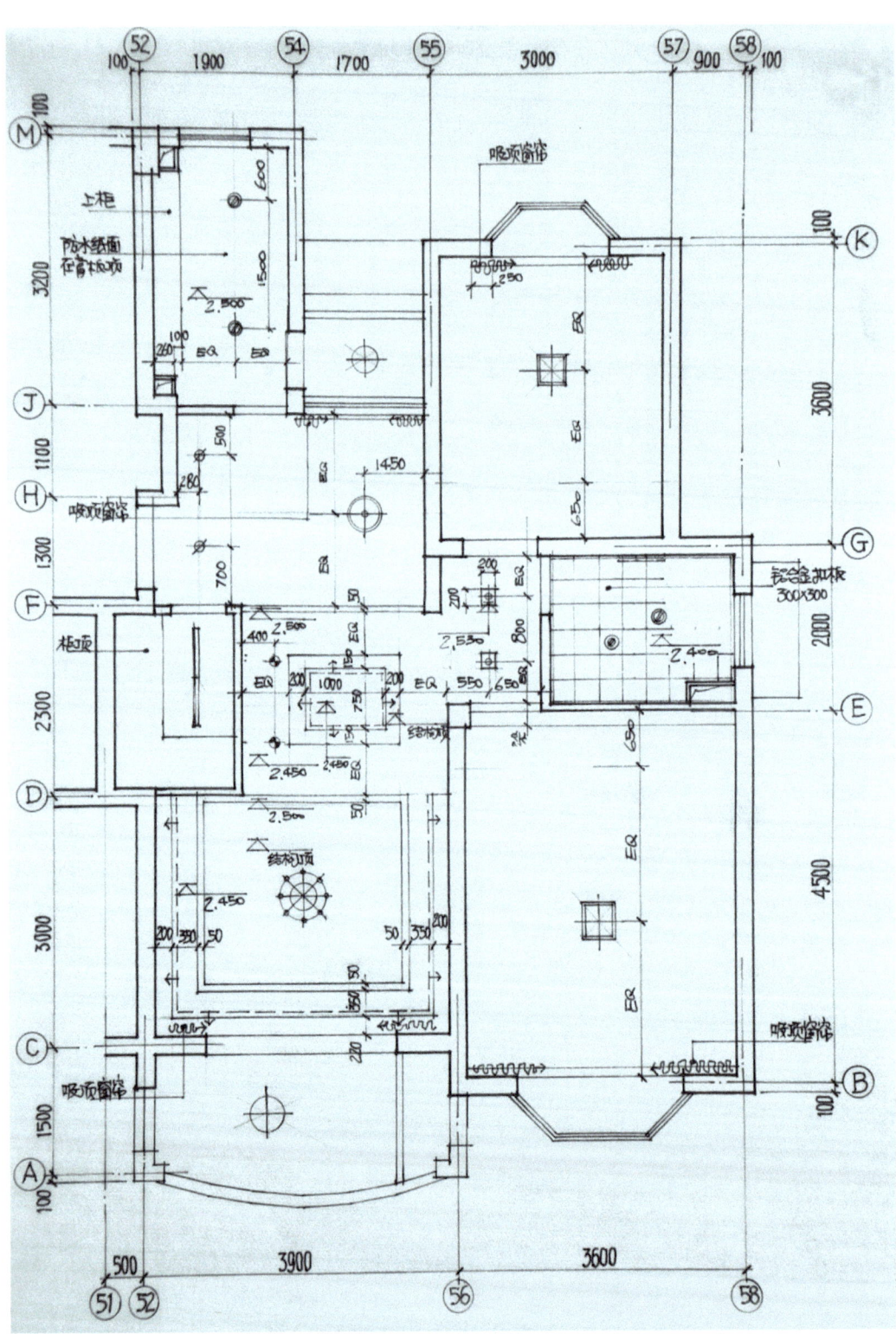

图 6-50 顶面图

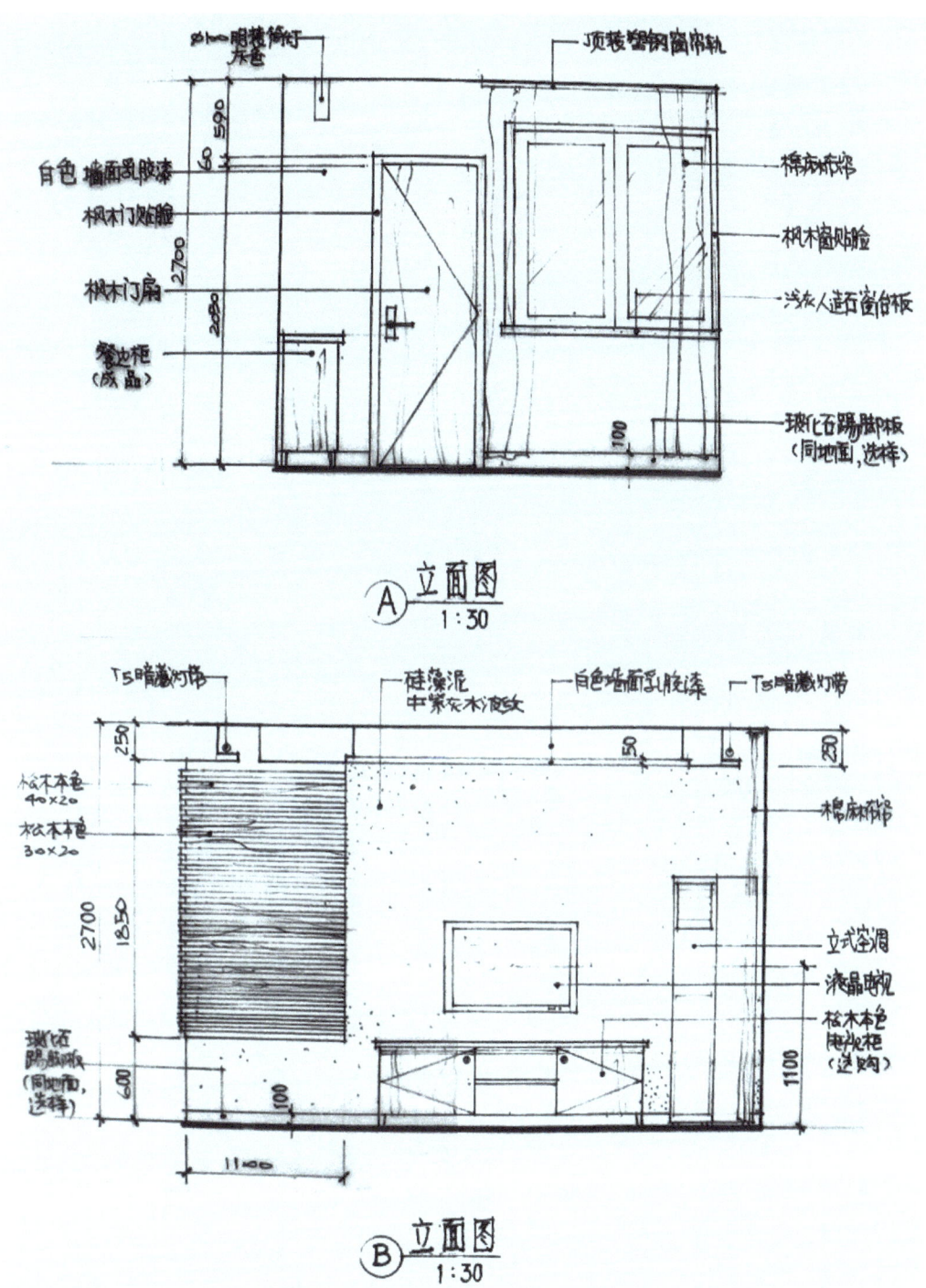

图 6-51 立面图

参考文献

[1] 王帆叶.建筑装饰设计基础 [M].北京：中国建筑工业出版社，2003.
[2] 上海世博会事务协调局.中国2010年上海世博会官方导览手册 [M].上海：上海人民出版社，2010.
[3] 章迎尔，柳旭东，姚守芬.建筑装饰基础 [M].上海：同济大学出版社，2010.